シリーズ「遺跡を学ぶ」010

新泉社

描かれた黄泉の世界

王塚古墳〈改訂版〉

柳沢一男

描かれた黄泉の世界

―王塚古墳〈改訂版〉―

柳沢一男

【目次】

第1章　王塚古墳の発見

壁画の発見

今から九〇年ほど前の一九三四年（昭和九）九月末、産炭地としてにぎわいをみせていた九州北部・筑豊《ちくほう》地方の土取り場から、のちに装飾古墳の白眉《はくび》と賞される壁画を描いた古墳が発見された。そして一〇月七日の福岡日日新聞に、「我国随一を誇る嘉穂《かほ》の壁画古墳」と大きく報道され、広く人びとの知るところとなった。その古墳は王塚《おうづか》、墳長八〇メートルあまりの前方後円墳である。

かつて筑豊地帯はわが国有数の炭鉱地帯であった。採炭操業時、地下には坑道が縦横に走り、浅い坑道の落盤にともなってしばしば水田が陥没した。王塚から南に五〇〇メートルの水田が陥没し耕作できなくなったため、古墳の高まりが復旧に必要な土砂採取地に

我國随一を誇る
嘉穂の壁畫古墳
日滿をつなぐ同文化の跡
四色燦たる紋様
木下讃太郎
昭和九年十月五日
祝部あり馬具あり

図1 ● 王塚古墳の発見を伝える新聞記事
福岡日日新聞 1934年10月7日。

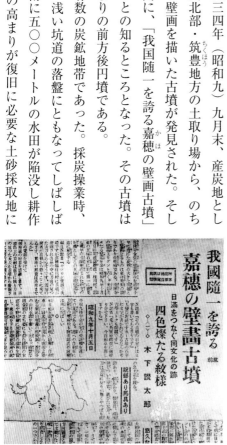

なったのである。

墓室をおおう墳丘は古く王塚とよばれ、古墳という認識はあったらしい。しかし、いつの間にかその伝承は忘れられてしまった。土取り工事は七月からはじまり、二カ月を過ぎた九月三〇日の夕方、後円部にある横穴式石室の入口をふさぐ石積みにあたり、その一部をはずして墓室内に入った作業関係者によって壁画が発見されたのである。

王塚は、壁画発見三年後の一九三七年（昭和一二）に史跡に指定され、一九五四年（昭和二九）にあらためて特別史跡に指定された。装飾古墳でほかに特別史跡の指定を受けているのは、一九七二年（昭和四七）に発見された奈良県明日香村の高松塚古墳だけである。

墓室を埋めつくす壁画

六世紀前葉につくられた王塚古墳の壁画は、横穴式石室の玄室《げんしつ》の壁全面と玄室入口の壁一面に、各種の図文がところ狭しと描かれている。

装飾古墳に魅了され、貴重な文化遺産の保護を訴えつづ

図２●王塚古墳の位置

図３●発見当時の石室入口付近

けている玉利勲《たまりいさお》さん(元朝日新聞社)は、はじめて見学した王塚の壁画の印象をつぎのように記した。

「暗い穴からはしごで降りた石室は湿気を帯びてひんやりと冷たかったが、裸電球で照らし出された〝死者の空間〟は豪華な〝赤のムード〟でおおわれていた。まわりの壁に描かれた楯《たて》・靫《ゆぎ》・大刀《たち》の列。あるいは蕨《わらび》のような文様や三角形の連続文。それをいろどる赤・黄・黒・緑のあざやかな色彩。前室の壁には赤と黒の馬が描かれ、奥室の二台の石のベッドにも、まだ色あせぬ三角の文様があった。さらに天井近くまでぬりこめられたいちめんの赤い顔料。しみ水にぬれた岩はだのあやしいばかりの輝き」(朝日新聞、一九六一年六月二〇日、『装飾古墳紀行』)

残念ながら、私はまだ石室内に入って壁画を観察する機会をもたない。関東育ちの私が九州に来たのは一九七一年(昭和四六)、当時すでに石室内の見学は全面禁止だった。古墳時代を中心に勉強してき

図4 ●石室内見学禁止前の墓室入口と壁画

た私は、装飾古墳に興味をもち、九州内の見学可能な装飾古墳にほとんど足を運んできたつもりだが、王塚の壁画見学だけはかなわなかった。この壁画にはじめて対面したのは二〇〇二年（平成一四）の一〇月、観察用窓のガラス越しからだったが、予想以上に鮮明な壁画に心がふるえた。

古墳壁画の白眉

王塚古墳が発見された直後、行政当局はただちに調査にとりかかった。福岡県は嘱託の川上市太《かわかみいちた》郎《ろう》さんを派遣し、墳丘・石室・壁画についての綿密な概要報告書を作成している。

古墳の本格的な調査は、京都大学考古学教室によって壁画発見二年後の一九三六年（昭和一一）から三八年（同一三）におこなわれ、その成果は『筑前国嘉穂《かほ》郡王塚装飾古墳』（京都帝国大学文学部考古学研究報告第一五冊）として一九四〇年（昭和一五）に刊行された（以下、京大報告と記

図５ ● 京大報告に掲載された玄室の写真
当時の報告書でカラー図版はめずらしい。

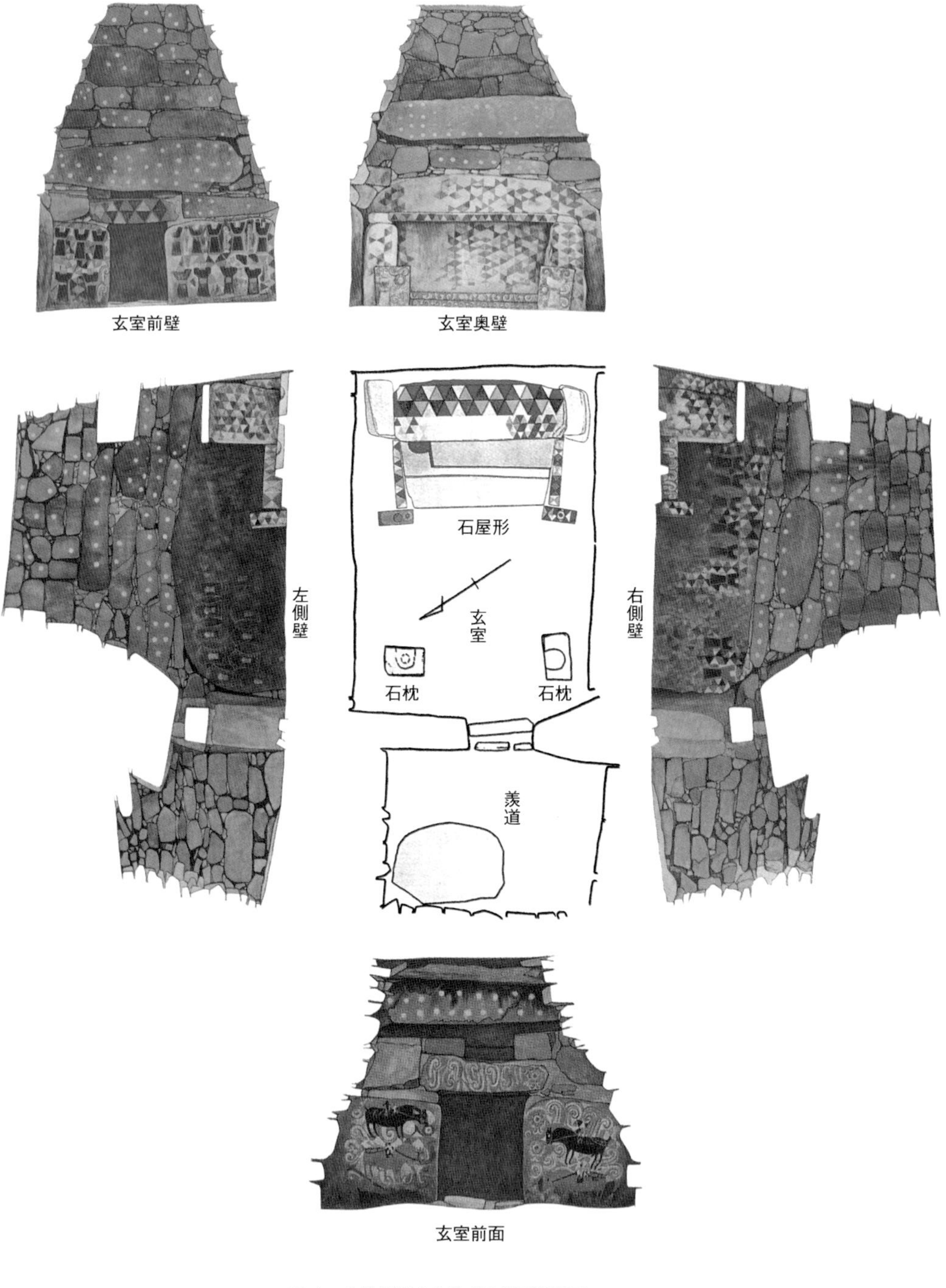

図 6 ● 小林行雄さん作成の壁画模写図
発見当時の壁画保存状態を記録した貴重な資料だ（京大報告を改変）。

す)。この報告書の詳細な観察と記録方法は、当時の装飾古墳調査の最高水準をしめしている。なかでも、小林行雄《こばやしゆきお》さん作成の精緻な壁画模写図（図6）は、その後の装飾古墳調査の手本となった。

報告書の横穴式石室と壁画の項目を執筆した小林さんは、「王塚古墳の石室装飾は、その複雑華麗なる点において、日本の古墳のうちでは他に比類を見ない」とのべている。これまで日本で確認されている装飾古墳は約六一〇。王塚古墳以後、強烈な個性をもつ多くの装飾古墳が発見されているが、図文の複雑さと華麗さにおいて王塚古墳を上まわるものは見出されていない。壁画装飾の白眉という評価は今後も変わることはないだろう。

第2章　王塚古墳の構造

1　遠賀川と筑豊地方

王塚古墳の位置

王塚古墳は福岡県嘉穂《かほ》郡桂川《けいせん》町大字寿命《じゅめい》に所在する。桂川町でも北部西寄りに位置し、遠賀川《おんががわ》との合流地点から穂波川《ほなみがわ》を六キロほどさかのぼった右岸の低台地（標高三五メートル）上にある。

桂川町は福岡県のほぼ中央部北寄りに位置し、西側の福岡平野、東側の京都《みやこ》平野とのあいだを急峻な山地ではさまれた嘉穂盆地の南西部を占める。かつて、筑豊は石油に首座を譲るまで日本の近代化を支えた産炭地帯であった。明治から昭

図7 ● 現在の王塚古墳
上方にみえる穂波川右岸の低台地上にある。
川と古墳のあいだにある建物は王塚装飾古墳館。

和三〇年代まで多数の鉱山が点在し、五木寛之さんの大河小説『青春の門』の主人公伊吹信介の故郷として描かれているから、ご記憶の方も多いだろう。

桂川町は飯塚市の南に接し、東西四キロ、南北八キロ、稲作と蔬菜栽培を中心とした農業の町である。

市街地を離れると田園風景が広がるが、近年、飯塚や福岡市のベッドタウンとして宅地化がすすみ、旧産炭地を思い起こさせるボタヤマはほとんど姿を消した。二〇〇三年（平成一五）の人口は一万五〇〇〇人。JR博多駅から福北ゆたか線（旧篠栗《ささぐり》線）で飯塚方面に向かうと約三〇分で桂川駅に着く。車なら九州自動車道の八幡《やはた》と若宮インターチェンジから四五分あまり。

王塚古墳は桂川駅から徒歩で一〇分ほどだから、見学にはJRが便利だ。

図8 ● 遠賀川との合流点上空から穂波川流域の遠望
手前は飯塚市街地。上方山並みの向こうに福岡平野がある。

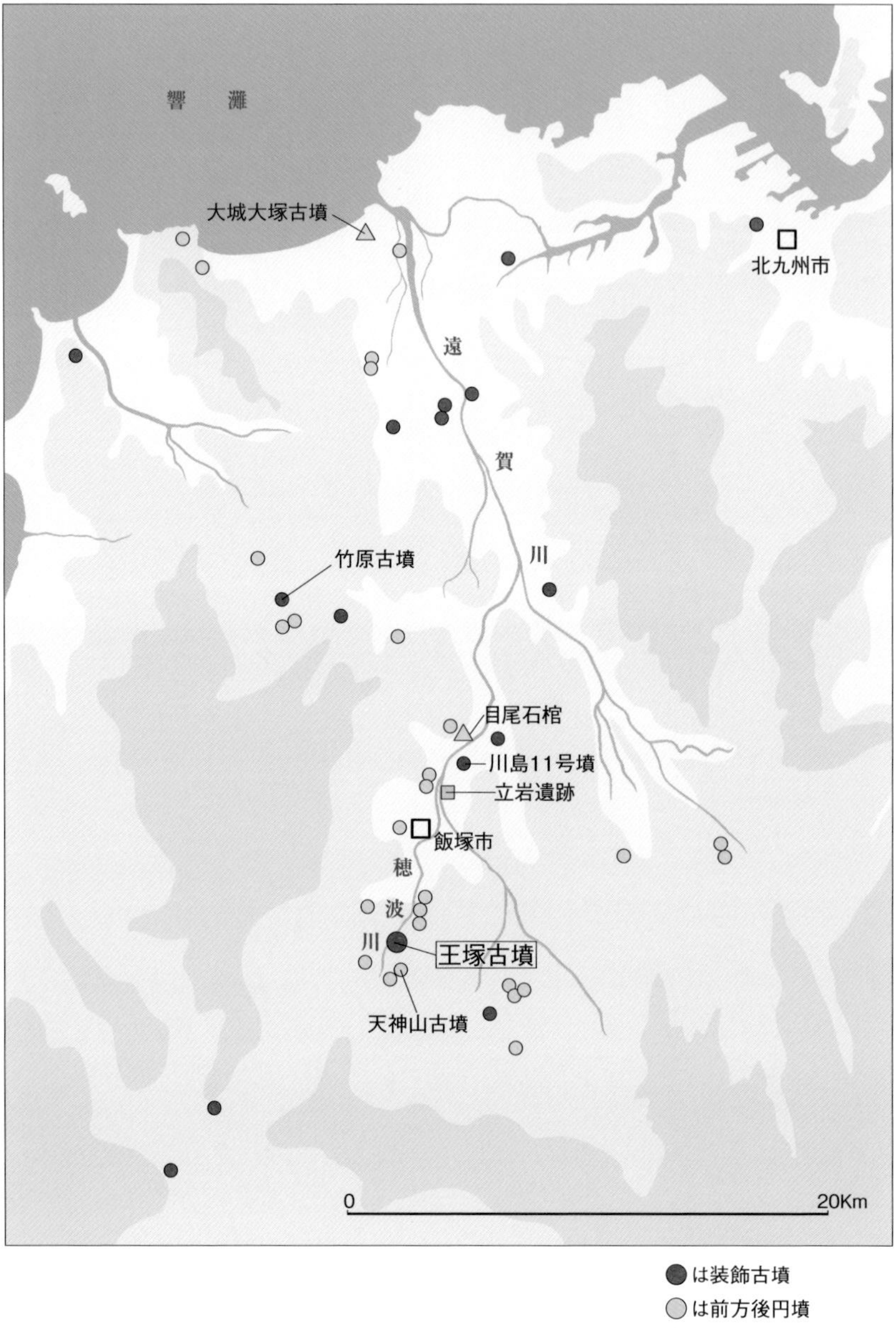

図 9 ● 筑豊地方の装飾古墳と前方後円墳などの分布

王塚古墳前後の遺跡と古墳

遠賀川が注ぐ響灘《ひびきなだ》を東にすすむと関門海峡・瀬戸内海を介して近畿地方に、西にすすむと玄界灘《げんかいなだ》を介して朝鮮半島南部に達する。嘉穂盆地は、東の豊前側と西の筑前西部を結ぶ陸の交通要衝でもある。こうした地理的特性から、筑豊の弥生・古墳時代の遺跡や墳墓は、福岡平野側と周防灘《すおうなだ》側の二面性をあわせもち、遠方地との交渉をものがたる資料も少なくない。

弥生時代前期の土器様式で「遠賀川式」という名前を目や耳にした読者は少なくないだろう。九州北部に水田稲作技術が伝来し、その定着過程で生まれた弥生時代前期土器の総称で、飯塚市北部の遠賀川河床から多量に採集されたことに由来する。

飯塚市立岩《たていわ》遺跡は、多数の前漢鏡やガラス製頭髪飾りなどをともなった弥生中期後半（BC一世紀後半頃）の甕棺《かめかん》墓《ぼ》遺跡である。一九六三年（昭和三八）に発掘された一〇号甕棺には六面もの前漢鏡が副葬され、この地域の王墓とみられている。こうした突出した首長勢力の存在から、時代がやや下るが、魏志倭人伝に記された不弥《ふみ》国がこの地域に比定される根拠ともなっている。

遠賀川流域には二一基の前方後円墳が知られている。そのうち一五基が中流域の飯塚市以南に分布し、なかでも王塚古墳の所在する穂波川流域がもっとも分布密度が高く、直径四キロの範囲内に八基もの前方後円墳が集中する。

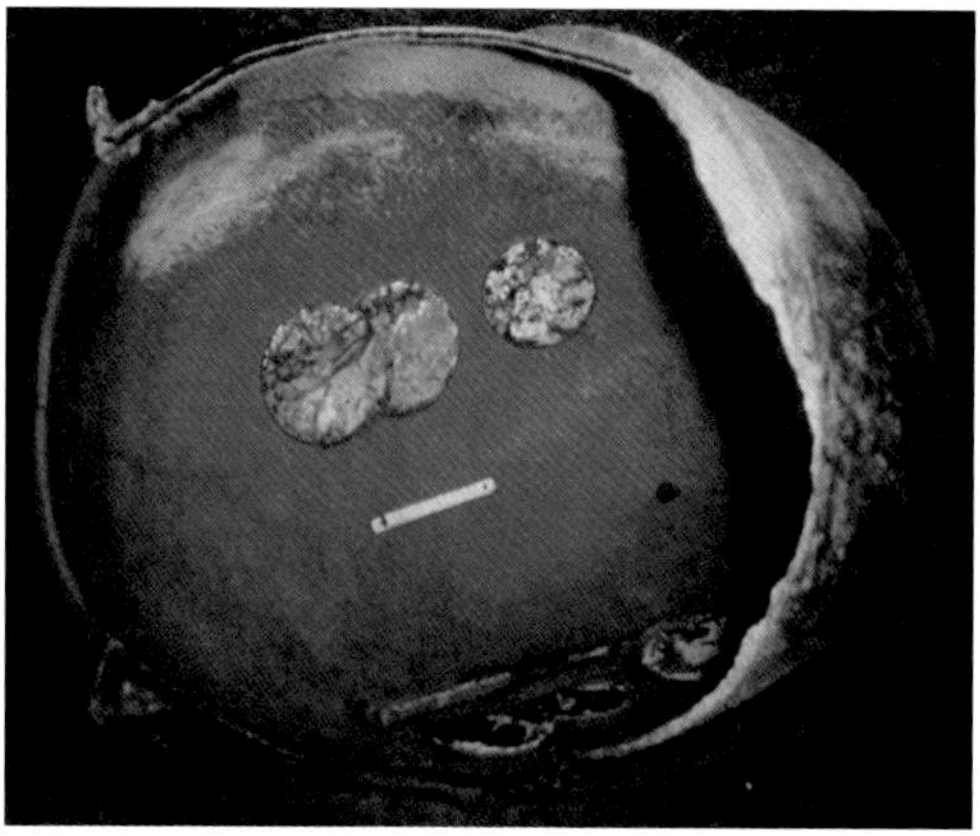

図10 ● 立岩遺跡の10号甕棺墓
前漢鏡6面などが副葬されていた。

穂波川右岸、王塚古墳の北東一キロの金比羅山（標高八六メートル）には、尾根上に三基の前方後円墳がある。これらの詳細は不明だが、立地からみると前期〜中期ごろのものだろう。また、王塚の南西〇・八キロにある天神山古墳は、周堀《しゅうくつ》と外堤《がいてい》をめぐらす墳長六七メートルの前方後円墳、王塚に後続する首長墳とみられる（図11）。ほかの前方後円墳は内容が判明していないため詳細不明だが、墳形や埴輪などの情報を整理すると、いずれも六世紀代に築造されたものらしい。

王塚古墳周辺域の首長墳は、前期から中期初めごろまで連続する前方後円墳群と、六世紀前葉の王塚を築造端緒とする一群に分かれる。前者の一群は詳細不明だが、六世紀代の前方後円墳の多さと王塚―天神山と継続する大型前方後円墳は、九州北部でも有数な在地勢力の存在をものがたる。

図 11 ● 王塚の南1kmにある天神山古墳
王塚に後続する首長墳とみられる。

筑豊の装飾古墳

装飾古墳では、遠賀川流域に王塚を含めて四基の古墳と、一一基の横穴墓（七つの横穴墓群）が知られている。福岡県内では筑後川流域につぐ数である。横穴墓のばあい、七世紀代にくだる自由画風の線刻壁画が主流だが、中間《なかま》市瀬戸一四号横穴墓の狩猟図や騎馬像、鞍手《くらて》町古《ふる》月《つき》横穴墓群の斜格子文などの彩色壁画もある。

横穴式石室の壁画では、王塚から北一六キロの宮若市竹原古墳がよく知られている。日本の壁画系装飾のなかでは異例ともいえる四神《ししん》図や、大胆な構図と緻密な図文表現が目を引く。また飯塚市川島一一号墳の図文構成は、福岡市吉武《よしたけ》K七号墳との共通性が顕著だ。

王塚は筑豊最古の装飾古墳である。もともと

図 12 ● 川島 11 号墳の壁画
玄室奥壁に円文や人物図が描かれる。

図 13 ● 竹原古墳玄室奥壁の壁画
左右のサシバのあいだに空馬を曳く馭者、舟、龍などが描かれる。

古墳装飾をおこなう素地がない地域に、突如として複雑華麗な彩色壁画が登場した背景はどのようなものであろうか。

筑豊と肥後

詳細は後述するが、王塚の横穴式石室や壁画内容は肥後地方（熊本県）との関連が深い。横穴式石室の築造や壁画を描くために、肥後から工人《こうじん》が派遣された可能性がある。そうした背景をさぐることは難しいが、遠賀川流域のいくつかの古墳のなかに肥後との関係を推測させる手がかりがある。

ひとつは、王塚から北方六キロの飯塚市目尾《しゃかのお》の遠賀川川底から発見された石棺（図14）、いまひとつは遠賀川河口の砂丘上にある芦屋町大城大塚《だいじょうおおつか》古墳である。目尾で採集された石棺は、特徴的な縄掛け突起をもつ阿蘇石製の横口式家形石棺である。大城大塚古墳は、第二次大戦中に陸軍芦屋飛行場建設のために破壊された直径三六メートルほどの円墳で、石障《せきしょう》系横穴式石室がある。いずれも肥後に源流をもつ埋葬施設だ。

二つの古墳は王塚古墳よりも半世紀ほど古い。目尾の石棺は肥後南部で製作された製品が輸送され、大城大塚の石室は肥後の工人の指揮下に築造されたとみられる。筑豊の首長層のなかに肥後の首長層と緊密な関係を結ぶことがあったとみたい。

図14 ● 目尾の遠賀川川底から発見された石棺
肥後に源流をもつ、縄掛け突起のある阿蘇石製の横口式家形石棺である。

2　筑豊最大級の前方後円墳

削りとられた墳丘

王塚古墳は台地辺に沿ってつくられた前方後円墳である。先述したように、王塚の墳丘は土取りのために前方部の大半が消失した。私が最初に王塚古墳を訪れた五〇年前は、わずかに残っていた墳丘のまわりに住宅が建ち並び、横穴式石室のある後円部は防水対策のビニールシートが張られていた。

発見後におこなわれた福岡県と京都大学の現状調査によって、墳丘の長さ七九～八二メートル、後円部の直径五〇～五五メートル、高さ八～九メートルとされたが、推測の域をでるものでなかった（図16）。

本格的な墳丘の発掘調査は、一九八七年（昭和六二）から地元の桂川町教育委員会によっておこなわれた。調査は困難をきわめたが、現存する墳丘の外側から、幅五～七メートル、深さ一メートルほどの浅い周堀がみつかった。かつて三段でないかと推定された墳丘の段築《だんちく》は二段と確定し、上段と下段のさかいに幅三～四メートルのテラスがめぐることが判明したほか、葺《ふき》

図15 ●削りとられた王塚古墳の墳丘
左側が前方部、右側が後円部。中央の小屋が石室の入口（京大報告より）。

石《いし》も上段の斜面のみであることが明らかとなった。さらに墳丘断面調査をすすめた結果、墳丘の下部はもとの地山を削って形を整えたもので、上部の盛土《もりつち》は黒色土と黄色土を交互に叩き締められていることも確認された。

周堀内から埴輪《はにわ》と須恵器《すえき》の破片が出土している。埴輪には円筒形・朝顔形の二種の筒形と蓋《きぬがさ》形と家形らしい形象埴輪がみつかっている。

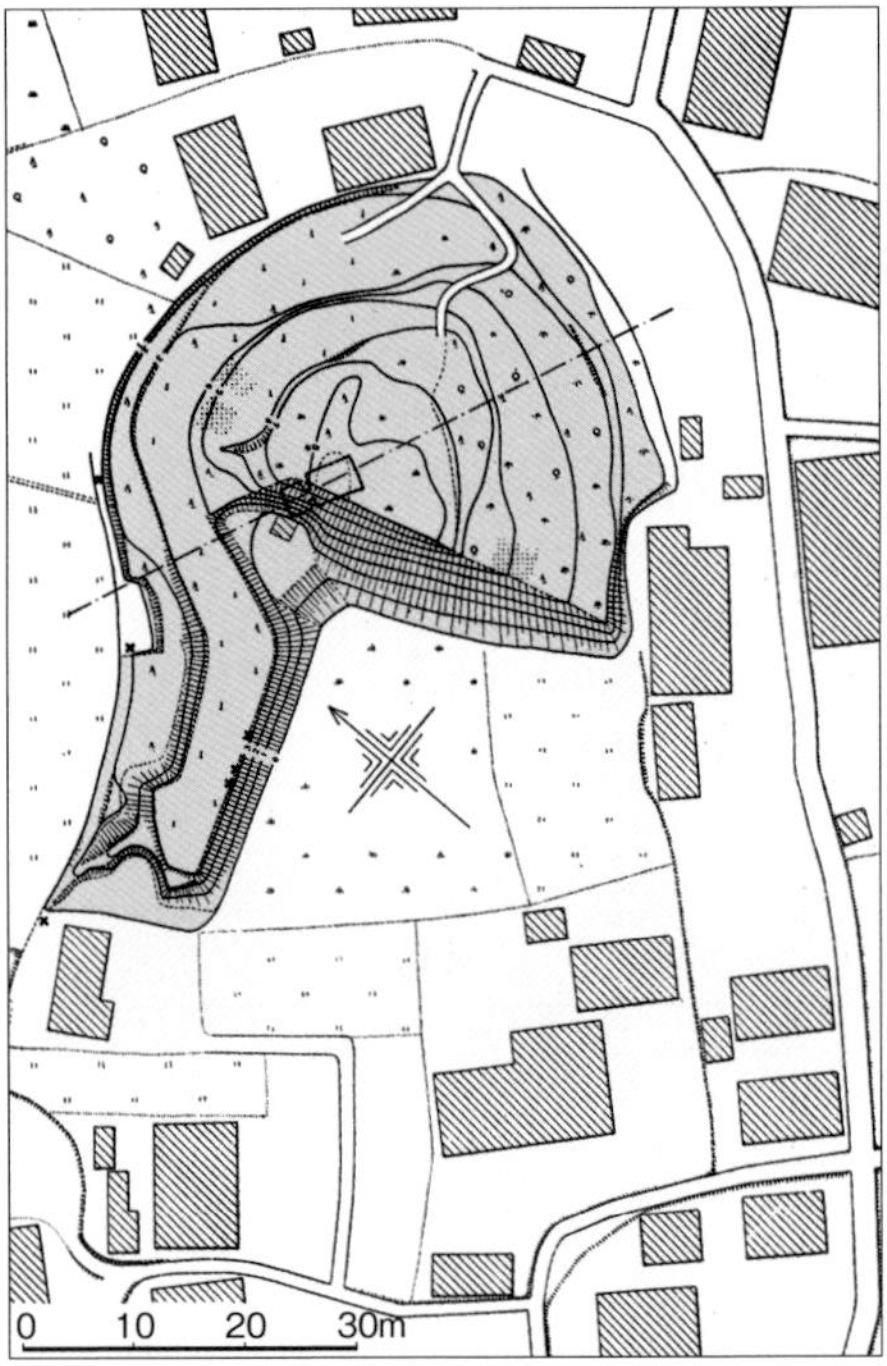

図16 ● 京大報告の墳丘測量図
土取り後の遺存状態をしめす。

復元された墳丘

墳丘の発掘は部分的なものであったが、調査成果にもとづいて築造当時の墳丘の形状は図18のように復元された。それによると、墳長約八六メートル、後円部直径五六メートル程度、墳丘をめぐる周堀は盾形《たてがた》となる。現在判明しているかぎり、筑豊では最大規模の前方後円墳だ。同時期の九州の古墳のなかでは、第二ランクの規模といえるだろう。

墳丘は上下二段に形を整えられ、上段の墳丘斜面が人頭大ほどの葺石でおおわれ、上下段間のテラスや墳頂に埴輪が立て並べられたであろう。周堀から出土した埴輪はこれらが転落したものだ。

古墳の葺石は墳丘全体に葺くか、それともまったく葺石をおこなわないかのどちらかがふつうだから、上段だけに葺石をおこなうのはめずらしい。五世紀後半以降、古墳築造の意味が次第に薄れ、外表施設にも多様な変化が生じている。王塚と築造時期が近い福岡県八女《やめ》市の岩戸《いわと》山《やま》古墳は、墳丘平面形の類似が指摘されているが、下段斜面に葺石がみられない点も共通する。

こうした成果にもとづいて墳丘の復元工事がおこなわれ、現在、築造当初の二分の一程度が整備されている。必ずしも古墳の全貌を伝えるものではないが、かつての偉容を彷彿とさせる。

図 17 ● 桂川町教育委員会による墳丘の調査
後円部上段斜面の葺石がみえる。

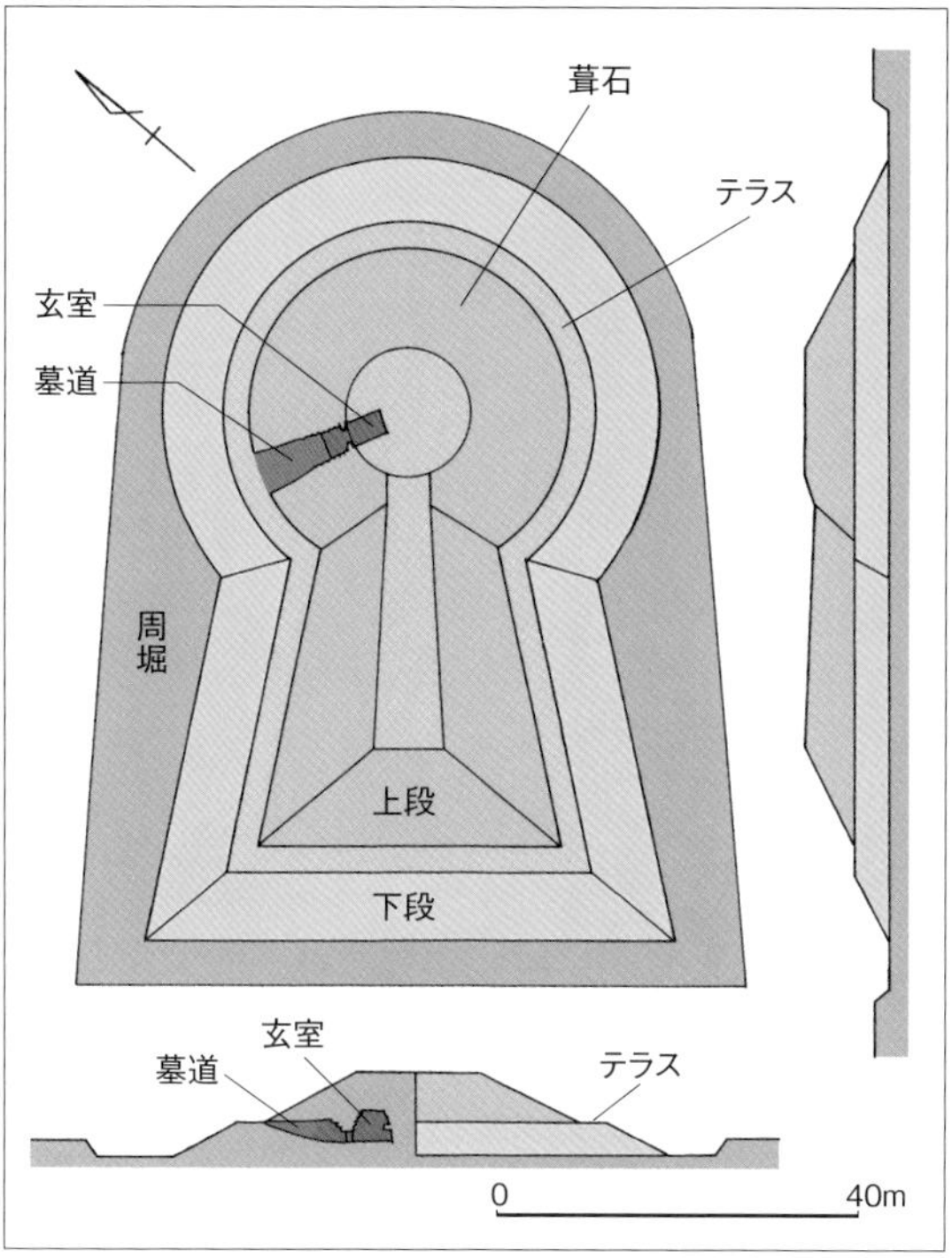

図 18 ● 墳丘想定復元図
墳丘上段斜面のみに葺石がめぐる。周堀は盾形。

3　多系統の横穴式石室

画期的な石室構造

六世紀前葉の王塚古墳の墓室は、後円部の墳丘下部に設けられた横穴式石室である。ドーム状に高く構築された玄《げん》室《しつ》に短い羨道《せんどう》が接続する。石室の入口は後円部側面よりもくびれ部側にあり、南西に開口する。同時期の九州の横穴式石室のなかでは最大級だ。石室も墳丘規模と比例している。

横穴式石室は遺骸を安置する墓室に外界を結ぶ通路を設け、入口の閉塞部をとりはずして自由に出入りできる構造である。もともと中国の漢代以降に発達し、朝鮮半島を経て日本に伝えられた外来系の墓制で、先行する竪穴《たてあな》系墓室と違った開通原理の構造である。

わが国で最初に横穴式石室を導入したのは九州北部域。四世紀後葉ごろに出現し、五世紀なかごろには主要な埋葬施設となった。王塚の横穴式石室は五世紀の横穴式石室を母胎にした構造だが、先行形式からの飛躍がおおきい。こ

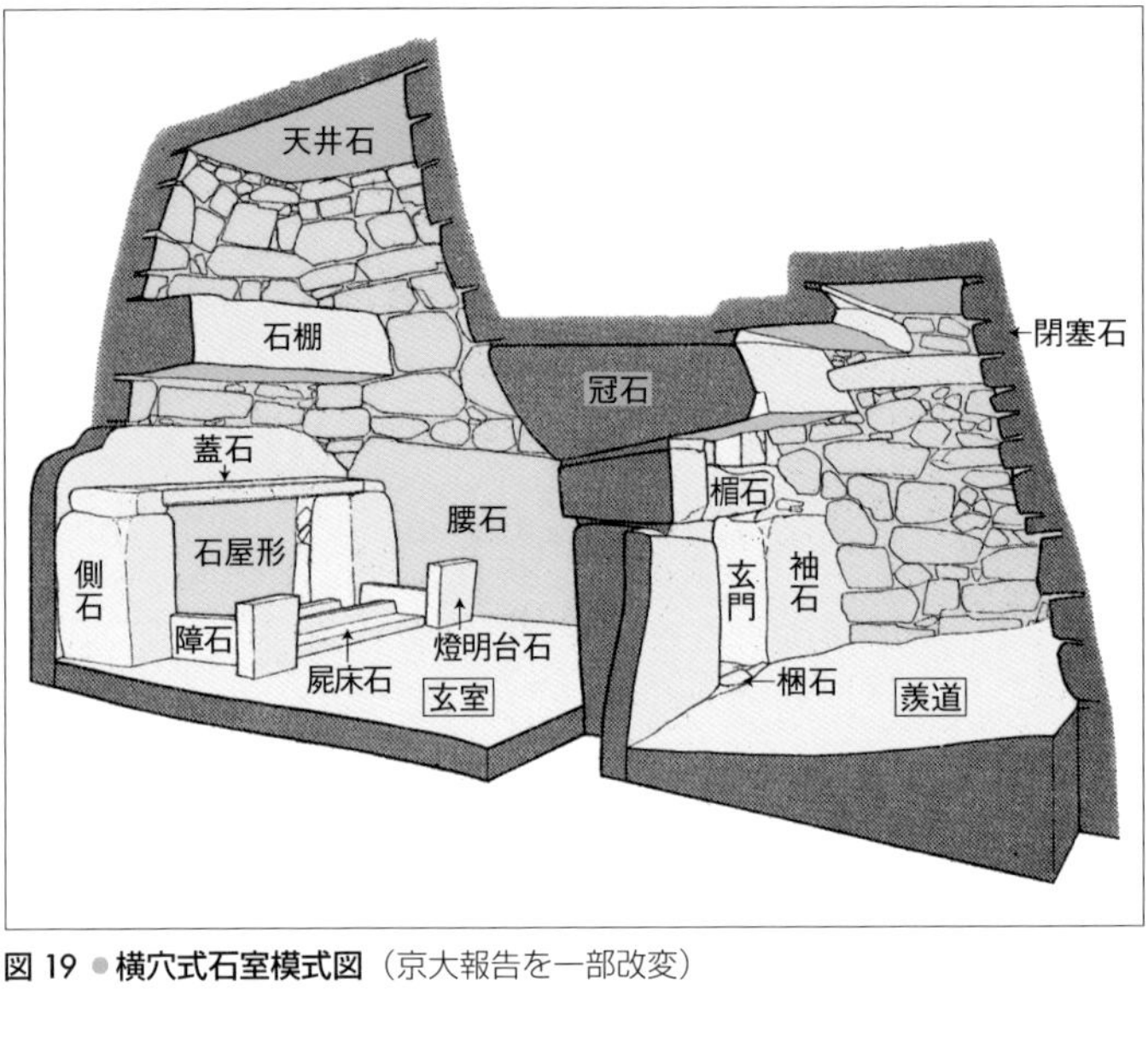

図 19 ● 横穴式石室模式図（京大報告を一部改変）

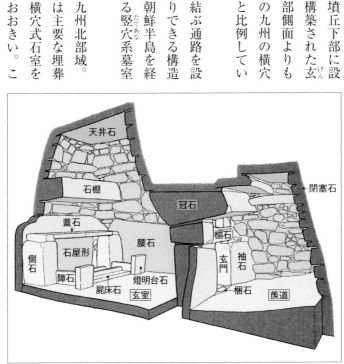

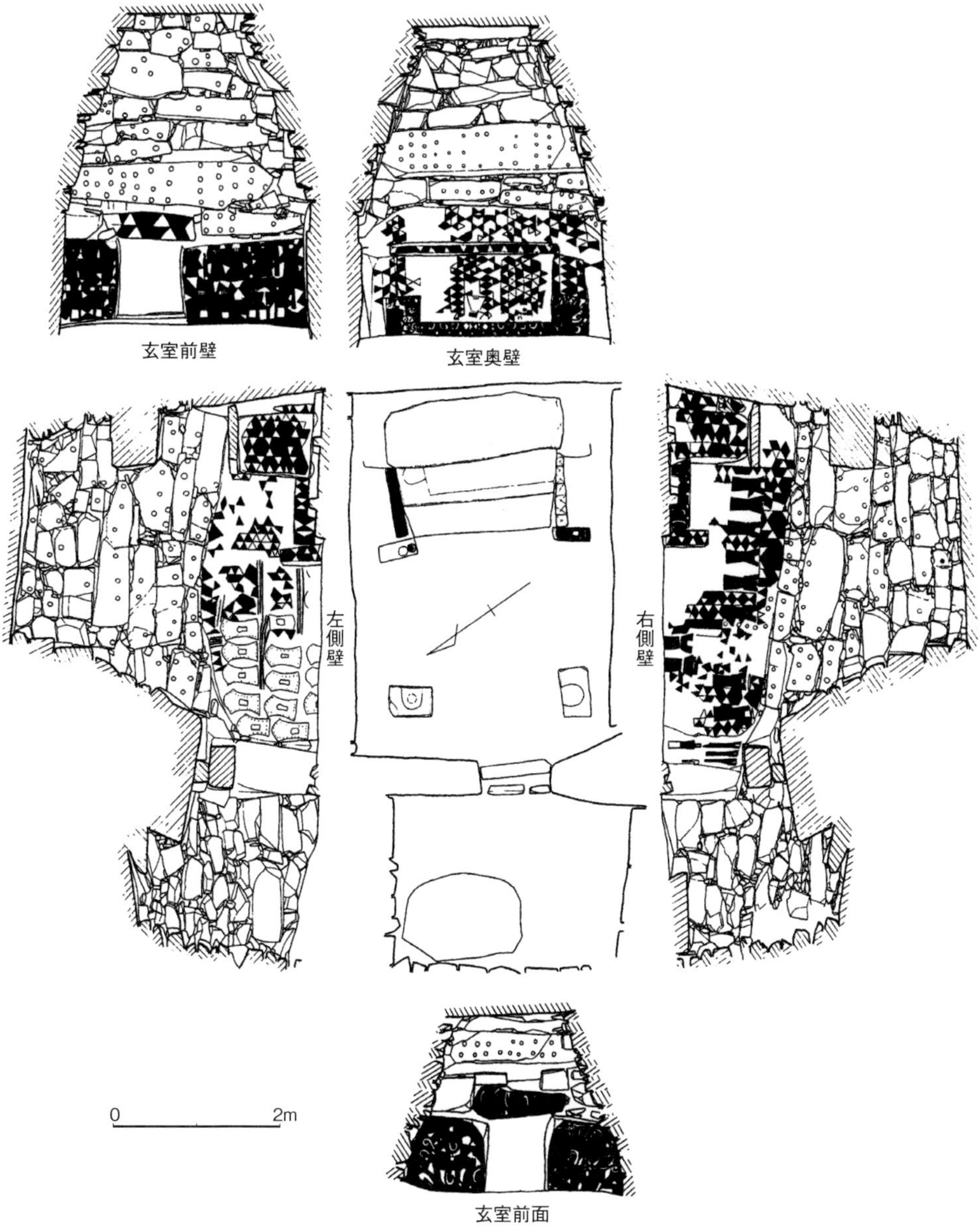

図 20 ● **横穴式石室実測図**
壁画は現状でみえる程度のもの。

の点をもう少しくわしくみておくことにしよう。

墓道から羨道へ

玄室の床面は墳丘頂から七メートル下位にあり、墳丘テラスよりも二・五メートルも低い。羨道は墳丘の側面でなく墳丘テラスから下降する墓道に接続する。

急な墓道をくだると、幅二・七メートル、長さ約三メートル、高さ一・六〜二メートルと幅広で短い羨道に入る。羨道の側壁は四〇×三〇センチ程度の比較的小型の石材を積み上げ、石材のあいだを粘土で埋める。羨道の横断面は台形、縦断面は冠石《かんせき》から前方に向かって階段状にせり上がる特異な構造をもつ。

羨道と玄室の境は、複雑な玄門《げんもん》を構成する。左右に内側に突出する巨大な袖石《そでいし》をたて、床面に梱石《しきみいし》を置き、さらに、袖石と冠石とのあいだに方柱状の楣石《まぐさいし》を掛け渡している。

玄門の前方二メートルのところに塊石を垂直に積み上げた閉塞部があり、さらに玄門も板石《いたいし》で閉塞されている。横穴式石室の出入り口は玄門を板石で閉じるか、羨道途中で塊石を積み上げて閉じるのがふつうだから、王塚のばあい二重閉塞と手が込んでいる。

玄室前面の壁には、王塚のなかでもっとも華麗な壁画が描かれている。左右の袖石は赤と黒

図 21 ● 玄室前面の現状と壁画
石室崩壊防止のため天井を鉄柱で支えている。

に塗り分けた騎馬像を中心に、各種の図文を配置する。楣石は蕨手文《わらびてもん》を交互にくり返し、冠石には多数の珠文《しゅもん》を二段に重ねる。壁画の詳細は四章で述べるが、玄室内部の壁画と図文に明確な使い分けがある。こうしたちがいに、当時の人びとの死後世界に対する観念を読みとる鍵がある。

玄室に入る

遺骸を安置する玄室は、奥行き四・二メートル、幅三メートル、高さ三・六メートル、大小の石材を巧みに組み合せて構築した空間は、遺骸安置に必要な広さをはるかに超える。

玄室の奥壁《おくへき》と左右の側壁《そくへき》最下段に花崗岩の巨石を垂直にすえる。こうした技法を腰石《こしいし》とよぶ。こうし奥

図22 ● 玄室内部
発見数年後に撮影されたもの（京大報告より）。

壁の腰石はみかけでも三×一・六メートル、右側壁は四×一・六メートルもある。石の厚みはわからないが、仮に一メートル程度とすると、奥壁の腰石は一一トン、右側壁の腰石は一六トンあまりとなる。腰石は奥壁・側壁ともほぼ同じ高さにそろえられ、石材選択が周到な計画のもとにおこなわれたことをものがたる。

腰石上は一×〇・三メートル程度の小型の石材を小口積《こぐちづ》みにして積み上げ、上部に行くにしたがって徐々に石室内側に幅をせばめる持ち送り手法を駆使している。側壁と奥・前壁《ぜんへき》との境に掛け渡すように石材を配置し、四隅の隅角《すみかく》を解消して壁面全体に丸みをもたせている。九州系横穴式石室築造技術の特徴だ。

玄室の天井には巨大な一石の花崗岩《かこうがん》を置く。京大報告は、右側壁の腰石上の石積み間に四個所の小孔があると記す。後述する「鍵手形《かぎのてがた》鉄製品」の使用法を推測する手がかりとなる。

玄室の床は小さな河原石が敷きつめられ、奥壁に沿って石屋形《いしやがた》が設置されたほか、二個の石《いし》枕《まくら》が置かれている。これらから、玄室内には少なくとも四体の遺骸が埋葬されたと推測される。

巨大な石棚

奥壁側の床面から二メートルの高さに、奥壁と左右の側壁に挿し渡した巨大な石棚《いしだな》がある。壁面から突出した部分だけでも、左右の幅二・四メートル、奥行き・厚さとも〇・六メートルある。棚といってもモノを載せるための構造物ではない。奥壁の中ほどに掛け渡して玄室上部の強度を高める効果をねらったものだ。

石棚を設置した横穴式石室は、西は長崎県、東は滋賀県の西日本各地に分布し約一〇〇例が知られている。九州では四〇例ほどあり、王塚の石棚は福岡県日岡《ひのおか》古墳とともに最古例である。

石棚を最初に編み出したのは紀ノ川下流域の和歌山市岩橋千塚《いわせせんづか》古墳群。この古墳群の横穴式石室は扁平な結晶片岩を使用した高天井構造の玄室が特徴的で、六世紀はじめごろの大谷山《おおたにやま》二二号墳がもっとも古い石棚構築例である。九州の石棚は、日岡ないし王塚の築造にあたって紀ノ川流域から、そのアイディアがとり入れられたと推測される。

複雑な石屋形の構造

石屋形とは、長辺の一辺もしくはその一部を開け放した石棺《せっかん》風の遺骸安置施設である。

左右に立てた高さ一メートルの側石《がわいし》上に蓋石《ふたいし》（幅二・一×奥行き〇・七×厚さ〇・一メートル）を掛け渡し、内部に二体の遺骸を安置するくぼみを設けた屍床石《ししょうせき》を組み込む。屍床石は幅一・六〜一・八メートル、奥行き一・八メートル。石屋形側石からはみ出た部分の側面には長方形に加工した障石《しょうせき》（隙間を塞ぐ石）を

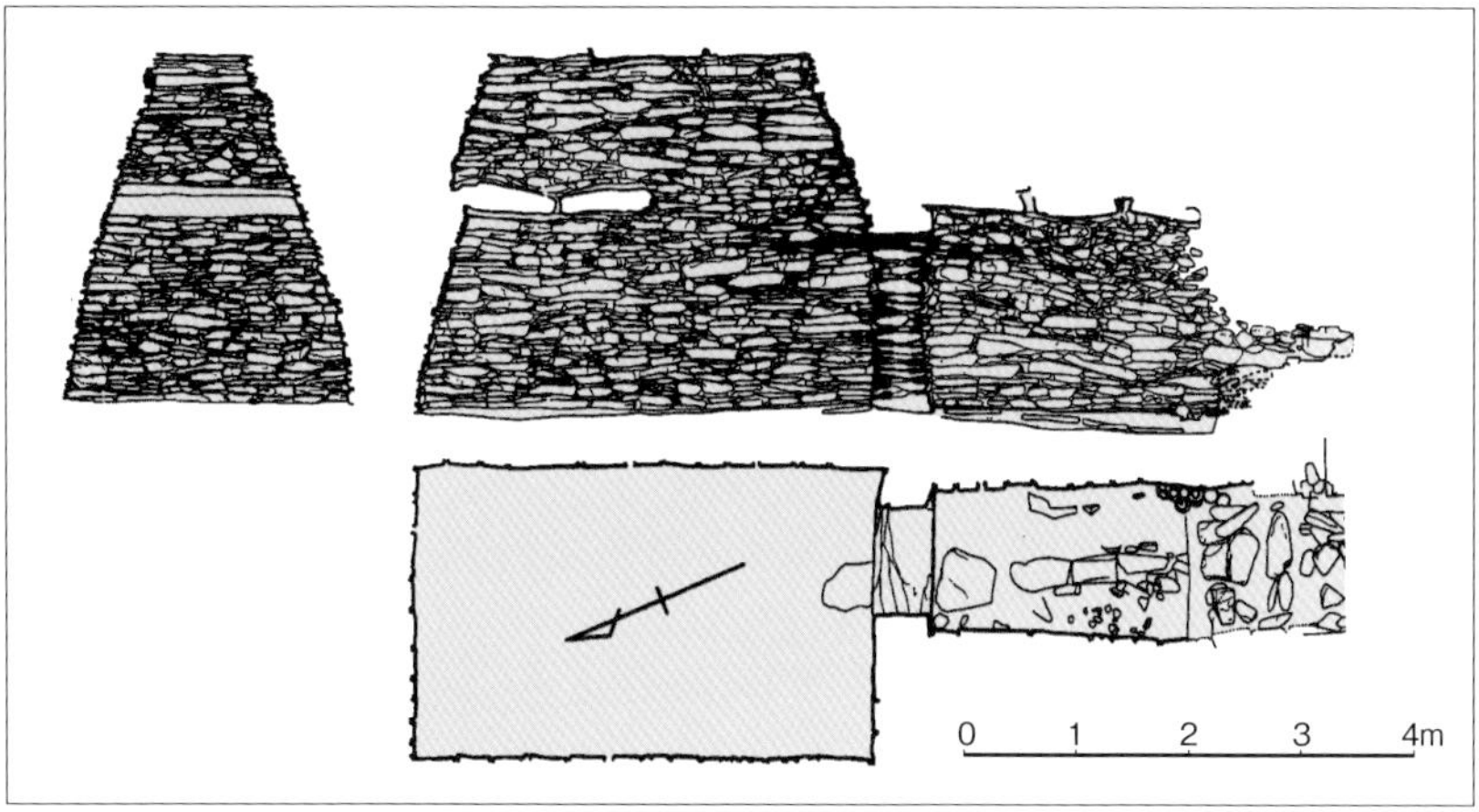

図 23 ● 大谷山22号墳の横穴式石室と石棚
わが国最古の石棚を設けた石室例（玄室壁面の白抜き部分が石棚）。

配置し、さらにその前面に一辺二〇×四〇センチ、高さ四〇センチの灯明台石《とうみょうだいいし》とよぶ方柱状に加工された石を置く。上面に油皿状の円形のくぼみがあることからの命名だが、明りを灯した痕跡はない。

石屋形は側石を除いてすべて阿蘇石製である。阿蘇石とは阿蘇の噴火にともなう火砕流堆積物が凝固した凝灰岩《ぎょうかいがん》の通称。筑豊には産出しないから、どこかで製作された部品が搬入されたとみてよい。

石屋形は六世紀初頭に肥後地方で創出され、中南部型と北部型の二種がある。最近、韓国慶尚南道《キョンサンナムド》宜寧《ウイニョン》の景山里《キョンサンニ》一号墳でも発見され話題をよんだ。

王塚の石屋形は、遺骸を安置するくぼみを彫り込んだ屍床石を組み込んでいるが、同様な事例は石屋形の本場の肥後でも、北部の臼塚《うすづか》古墳と馬出《うまで》古墳にしかない。こうした特殊構造と石屋形全体の形状から、王塚の石屋形は菊池川下流~中流域付近で製作された北部型の部品が輸送されたと推測される。王塚から菊池川中下流域まで直線距離にして約八五キロ、二つの地域

図24 ● 熊本県玉名市の大坊古墳の石屋形と壁画
奥壁に沿って石屋形がある。
壁画は連続三角文と円文。

首長間の密接な交渉を暗示させる。

被葬者の広い交流をしめす石室構造

これまでややくわしく横穴式石室の形態や構造をみてきたのは、壁画の内容もさることながら、王塚の石室が九州の横穴式石室の変遷のなかできわめて重要な位置にあるからだ。石室構造の特徴を要約するとつぎのようになる。

第一に、巨大石材の使用と石室の大型化。加えて玄室の腰石を大型石材一石でまかなう構想は肥後南部の手法をとり入れた可能性が高い。

第二に、幅広く短い羨道と先端に向かってせり上がる天井構造。このような構造は先行する九州北部型石室になく、肥後中部の井寺《いでら》古墳などからの属性移入であろう。

第三に、石棚と石屋形は肥後や紀伊で形成された特異な属性の統合をしめす。

以上を整理すると、王塚の横穴式石室は伝統的な九州北部の石室構造をベースに、肥後や紀伊に特徴的な属性を加えて新たに創出された形式とみることができる。そ

図25 ●景山里１号墳の石屋形
韓国で唯一の石屋形。蓋石は欠失している。

の築造には各地域の技術の結集が必要で、こうした石室が生み出された背景には、王塚に埋葬された被葬者の実力と他地域首長層との広い交流が想定される。

王塚の被葬者は筑豊に絶大な勢力を築いただけでなく、肥後や紀伊の首長層とも深い交渉をもったとみたい。これらの首長層は倭王権による五〜六世紀の朝鮮半島政策に深く関与しており、対外活動を共にすることで親交を深めたのであろう。

4　装飾性に富んだ副葬品

副葬品の出土状態

王塚の石室内からは豊富な副葬品《ふくそうひん》が出土している。しかし、工事中の発見ということもあって、本来の副葬状態が明確でないのは残念だ。

福岡県の報告書と京大報告には、墓室の発見に立ち会った人びとからの聞き取りをもとにした副葬品の出土状況の推測図が掲載されている（図26）。両者のあいだに多少の違いはあるが、おおよそ一致している。京大報告を参照すると、石屋形の屍床石上に玉類や金環《きんかん》、屍床石最下段に複数の刀、蓋石上に矛《ほこ》が、向かって右側の灯明台石の前に鏡と鉄鏃《てつぞく》、左側の灯明台石の前に馬具《ばぐ》、玄門右側の隅角付近に甲《よろい》があった。また、須恵器や土師器《はじき》などの容器は玄門と羨道閉塞のあいだである。京大報告は、屍床石の奥寄りに首飾りの玉類やイヤリングの金環があることから、奥側の被葬者が女性、手前側が男性ではないかとのべるが、人骨が採集されていないから断定できないだろう。

副葬品の構成

現存する副葬品には、鏡、馬具、甲・鉾・刀・鏃などの武器、金環・玉類などの装身具、須恵器・土師器の容器類があり、一括して重要文化財に指定されている。実物は京都国立博物館に寄託展示され、王塚装飾古墳館にはレプリカが展示されている。

鏡は直径二一センチの半円方格帯《はんえんほうかくたい》変形神獣鏡《へんけいしんじゅうきょう》とよぶ日本製の青銅鏡。馬具には、口に噛ませる轡《くつわ》や騎乗の際に腰掛ける鞍の金具、面繋《おもがい》や尻繋《しりがい》などの革帯交点を留める辻金具《つじかなぐ》や雲《う》珠《ず》、足掛け用の鐙《あぶみ》（輪鐙と壺鐙の二種）、飾りの杏葉《ぎょうよう》などがある。轡や杏葉は、形式の違いから三組が副葬されたことが判明している。鞍金具や轡、杏葉などは金張りされ装飾性に富んだものだ（図28）。

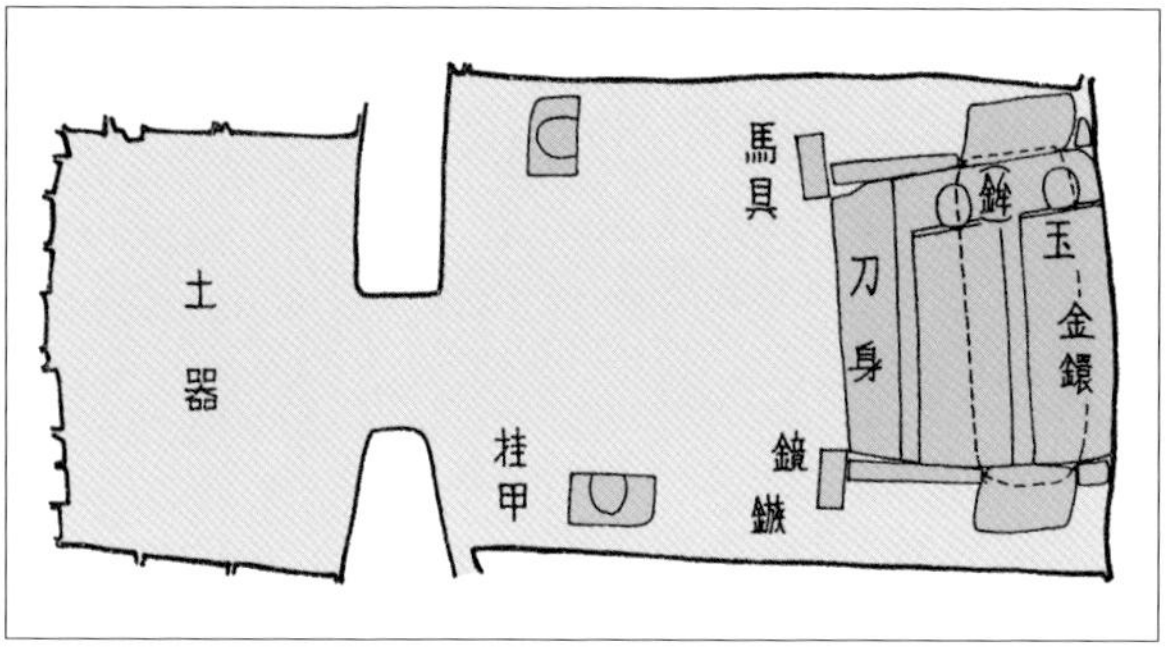

図26 ● 副葬品の出土状況想定図（京大報告より）

図27 ● 発見直後に取り出された副葬品

甲は細長い小形の鉄板（小札《こざね》）を革紐で綴じ合わせる形式の挂甲《けいこう》で、じつに一〇〇〇枚以上の小札がみつかっている。装身具の玉は、琥珀の棗玉《なつめだま》、埋木の切子玉《きりこだま》、ガラスの管玉《くだたま》・小玉、土製の丸玉など。ほかに銀製の鈴もある。

これら多数の副葬品は追葬のたびに数度にわたって副葬されたものだが、一度の組合せがどのようなものだったのか不明だ。だが、これらの副葬品は、小型墳墓には少ない青銅鏡や金銅製の馬具、挂甲などを含み、被葬者がこの地域を統括した大首長とその縁者であったことをものがたる。

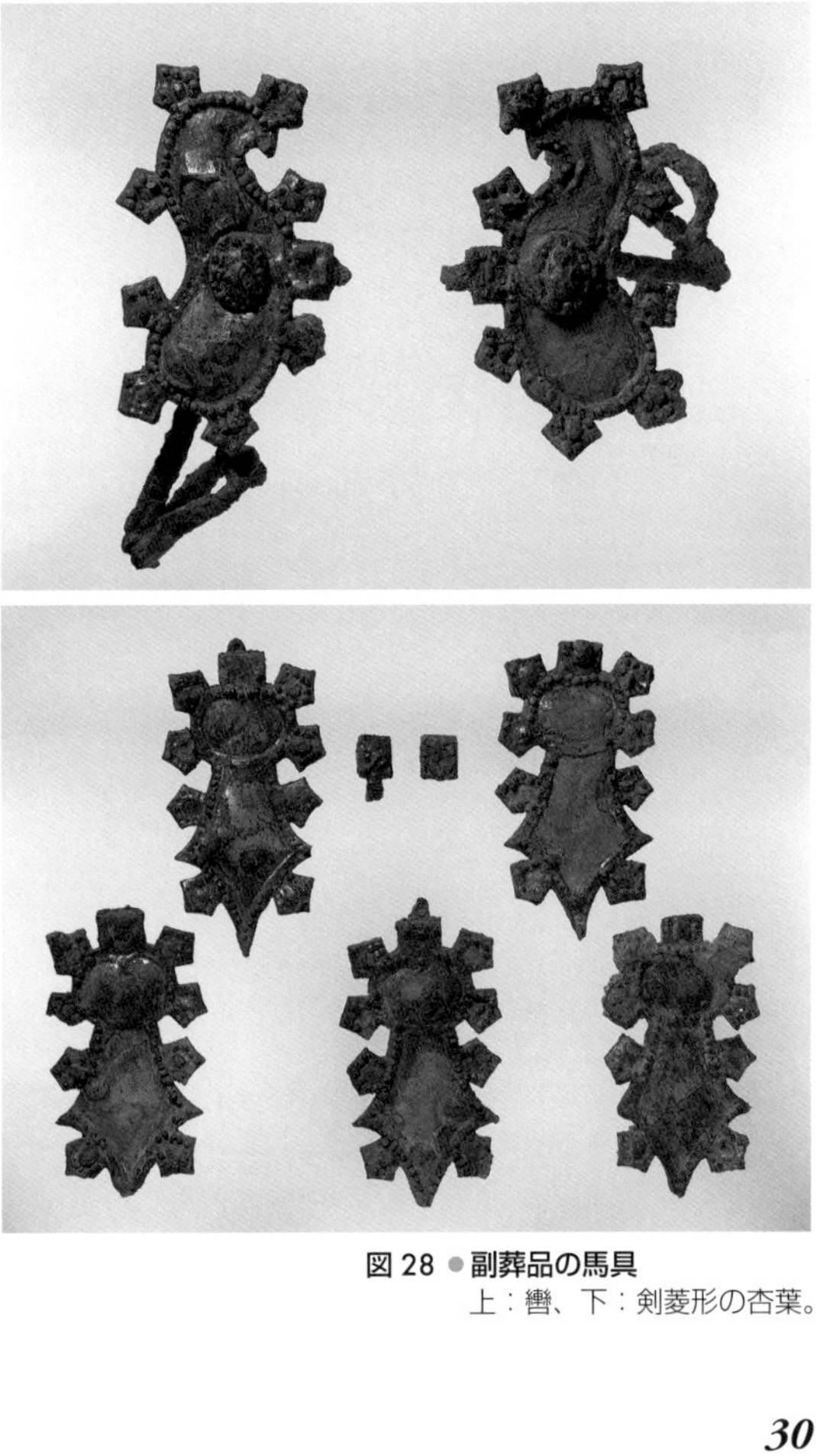

図28 ● 副葬品の馬具
上：轡、下：剣菱形の杏葉。

玄門前から出土した容器類の大半は蓋杯《ふたつき》とよぶ食事の際の銘々器。杯のひとつには、なかに「ホウノキ」の葉が敷いてあったという。葉の上に何か食物が盛られていたのであろう。須恵器は大阪府陶邑《すえむら》窯址群の陶器山一五型式～高蔵一〇型式と同時期で、岩戸山古墳よりもわずかに古いようだ。

二種の用途不明鉄器

京大報告の「発見の遺物」雑記の項に、用途・性格不明品として二種の鉄製品があげられている。ひとつは「鉄地銀張鉤状品《てつじぎんばりかぎじょうひん》」、もう一つは「鍵手形鉄製品」である。

前者の鉄地銀張鉤状品は、装飾大刀の柄頭《つかがしら》先端に付く環（捩《ねじ》り環頭《かんとう》という）である（図29）。出土した刀のいずれかに付属していたものだろう。壁画に描かれた大刀はこの系統に属する。

後者の鍵手形鉄製品は二点出土している（図30）。いずれも長さ一四センチ、断面が方形で片方の端を短く折り曲げる。「一見折釘とも見ゆる形」と記されているが、これと類似する鉄製品が群馬県前二子《まえふたご》、千葉県城山、奈良県藤ノ木古墳などにあり、玄室の壁面の石材間に打ち込まれた状態でみつかったものもある。布帳を架ける鉤《かぎ》（フック）である。

王塚の鍵手形鉄製品も同様な使用法が推測される。先述したように、京大報告は玄室の右側壁に四カ所の小さな孔があったと記している。こうした墓室内に布帳を架ける風習は、中国の後漢代にはじまり、朝鮮半島の百済《くだら》や加耶《かや》、日本では六世紀はじめごろから登場する。はたしてどのような布帳が架けられたのだろうか。

図30 ● 鍵手形鉄製品
（京大報告より）

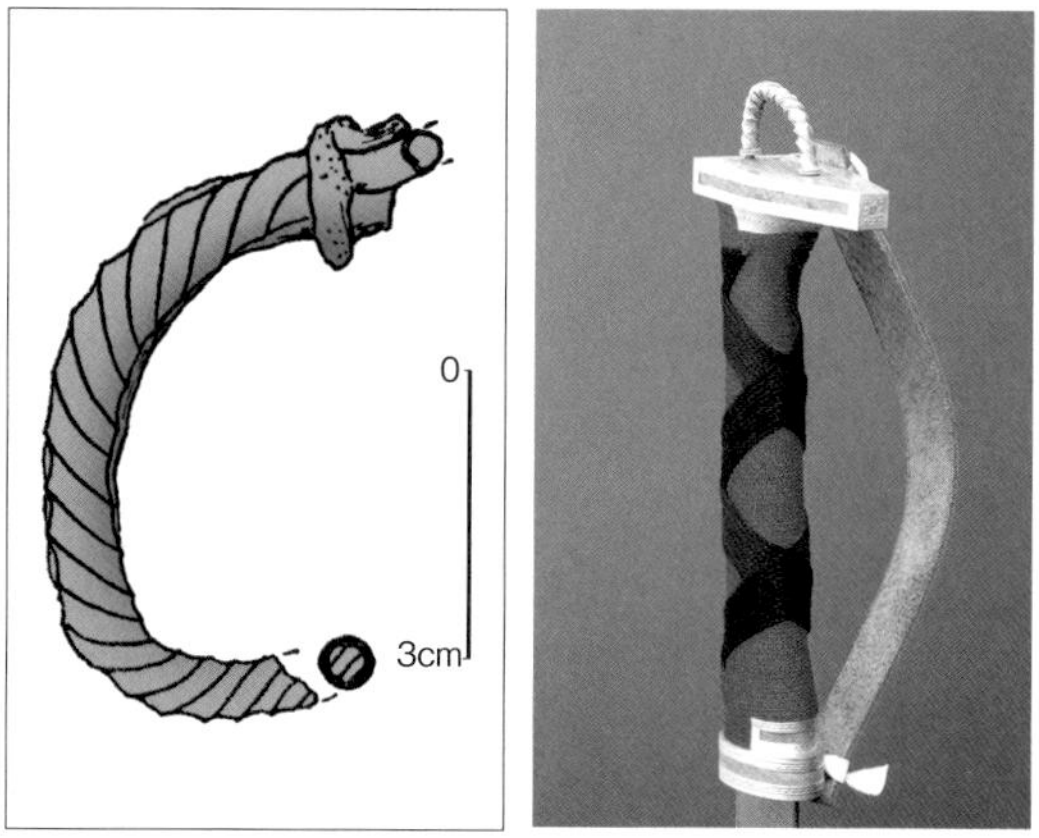

図29 ● 左：捩り環頭の実測図（京大報告より）
右：大阪府羽曳野市の峯ヶ塚古墳出土品の復元模型

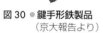

第3章　装飾古墳の世界

1　墳墓装飾の系譜

装飾古墳は圧倒的少数派

王塚の壁画と対面する前に、わが国の装飾古墳の概略をみておくことにしよう。

日本の墳墓装飾は、弥生時代終末期（三世紀）ころの石棺《せっかん》蓋に線刻された人面画（香川県仙遊遺跡）を最古例として、八世紀前後の奈良県の高松塚やキトラ古墳にいたる約四〇〇年間にわたっておこなわれた。ただし高松塚とキトラの二例は、中国の唐の宮廷画に由来する画法で描かれており、先行する伝統的な古墳装飾とは区別したほうがよいだろう。

古墳埋葬施設への装飾は、横穴式石室のほかに、石棺や竪穴式石槨《たてあなしきせっかく》、横穴墓《よこあなぼ》や地下式横穴墓などに彫刻や彩色によっておこなわれている。日本ではこれらを含めて装飾古墳とよび慣わしている。現在判明している装飾古墳は約六一〇。九州に全体の約六割が集中するほか、山陰、東海東部から東北地方沿岸部にも集中するなど、多少の偏在性がある。二〇万ともいわれるわが国の古墳のなかではきわめて少数派だ。横穴式石室に描かれた彩色系壁画（石障《せきしょう》・石屋形例を除く）は、約九〇例とさらに限られる。

装飾古墳の図文やその組合せは時期によってちがいがあるが、時期ごとに意外なほど共通性がある。墓室や棺の内外に描かれた各種の図文は当時の人びとが思念した死後世界へのさまざまな想いが描かれたのである。こうした図文の様相は、地域を超えて人びとのあいだに共通する観念の存在をしめすものだろう。

図31 ● 装飾古墳の分布（『装飾古墳の世界』より一部改変）

彫刻装飾から壁画装飾へ

墓室や棺への装飾は、四世紀の刳抜式《くりぬきしき》石棺に彫り込まれた直弧文《ちょっこもん》や円文《えんもん》などからはじまる。大阪府安福寺、福井県小山谷《こやまだに》の石棺などが著名だ。これにやや遅れる岡山県鶴山丸山古墳の石棺蓋には、円文のほかに家形を刻出する特異例である。四世紀には壁画系装飾がほとんどみられず、山梨県丸山古墳の竪穴石槨壁面に珠文を描いたのが唯一の例である。のちに装飾古墳が盛行する九州でも、八代海沿岸域（肥後南部）にある小鼠蔵《こそぞう》一号墳の横穴式石室の石障に円文

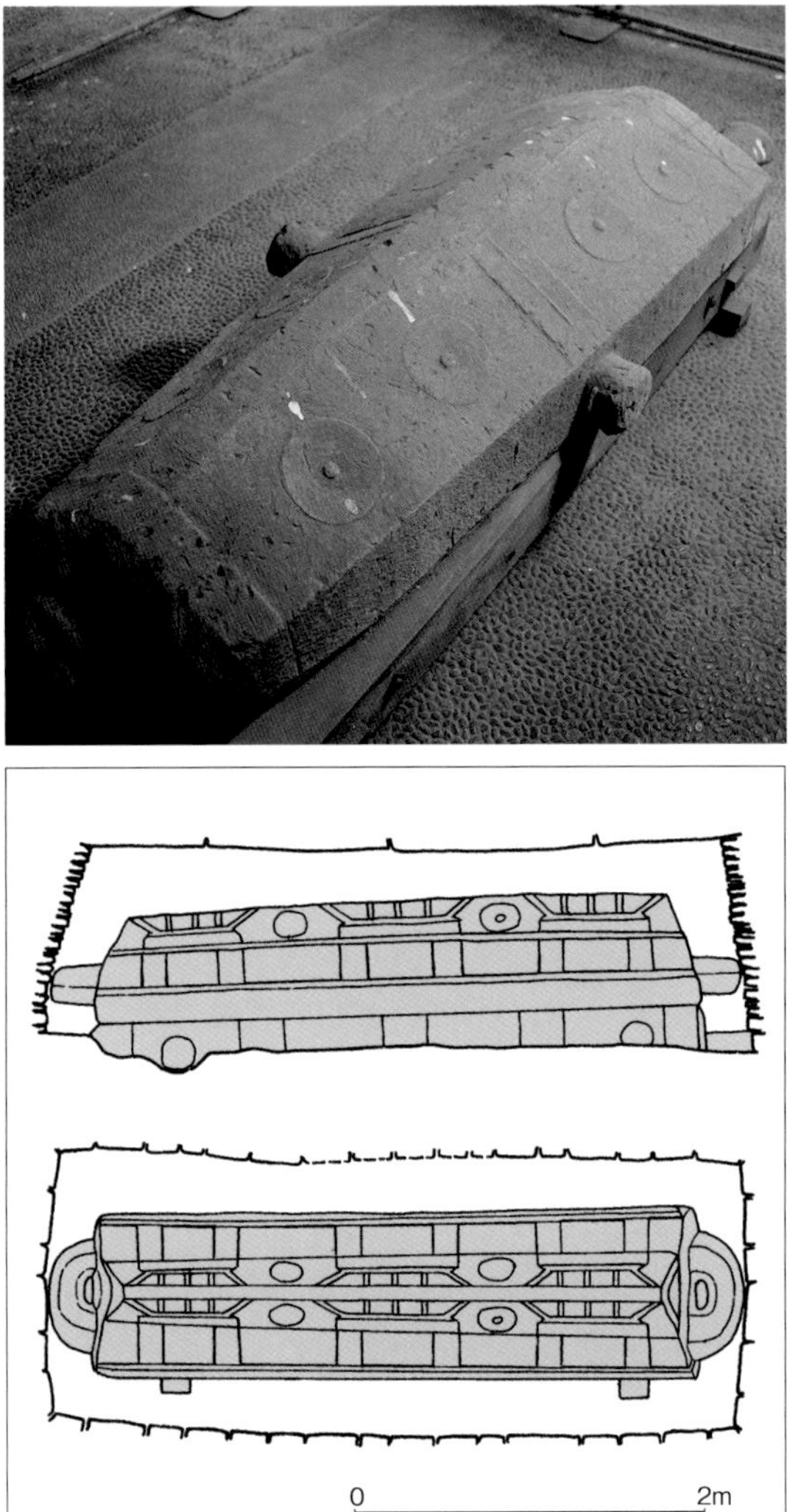

図 32 ● 線刻の円文
上：福井県小山谷の石棺。
下：岡山県鶴山丸山古墳の石棺実測図。

の線刻がみとめられる程度で、古墳装飾の萌芽段階といえる。

装飾古墳の本格的な築造は五世紀に入ってからのことである。九州中西部の八代海沿岸域で、箱形《はこがた》石棺の側壁や横穴式石室の石障に図文が刻出される。直弧文や円文のほかに甲冑《かっちゅう》や大刀《たち》・剣・盾《たて》・靫《ゆぎ》などの武器の図文が加わるが、いずれも浮刻・線刻による彫刻表現にとどまり、彩色壁画はまだ登場していない。なお、五世紀前〜後葉にかけて、福岡・佐賀県南部の有力首長墳にみられる装飾を施した石障や横口式家形《よこぐちしきいえがた》石棺（久留米市日輪寺《にちりんじ》・佐賀市西隈《にしくま》古墳など）は、八代海沿岸域で制作された部品が輸送されたものである。

装飾に複数の顔料が使用されはじめるのは五世紀後葉の熊本県井寺《いでら》古墳の石障や鴨籠《かもご》古墳の石棺からである。線刻で表現された直弧文や円文を赤・緑・白などの顔料で塗り分けている。

六世紀はじめ、肥後の横穴式石室内の遺骸安置施設は石障から石屋形に転換し、それ

図33 ● 初期の彩色壁画
上：熊本県井寺古墳の石障。
下：熊本県鴨籠古墳の石棺。

にともなって装飾部位は石屋形の内面に移行する。図文は直弧文・円文から連続三角文・円文へと変化し、複数の顔料を使用することも一般化したが、図文の輪郭はなお線刻をともなうものであった。装飾は石屋形の内面に限られ、玄室壁面に壁画が描かれることはなかった。

こうした墓室装飾の延長上に王塚の壁画があるが、石室の壁面をあますところなく図文で埋める壁画は、先行手法からの大転換というべきだ。この後、装飾古墳は九州北部の各地でいっせいに登場し、さらに関東・東北地方にも拡散する。まさに王塚の壁画はその起点となったと評価される。

2　辟邪と他界

辟邪の観念

棺や墓室に描かれた装飾のほとんどは墳墓の外からみることはできない。墓室装飾は生者の観賞用に描かれたものではなく、幽冥の境を隔てて墓室に安置される亡き人びとへのメッセージだ。言い換えれば、死後の世界がかくあってほしいという願望や祈りが、図文として表現されたのである。

初期の図文は石棺の外面に刻出された直弧文や円文であった。直弧文の祖型は弥生後期の岡山県楯築《たてつき》墳丘墓の弧帯文石《こたいもんせき》の図文に求められる（図35）。帯状のものでがんじがらめに包む特

図 34 ● 石障に描かれた直弧文
左：岡山県千足古墳、右：熊本県井寺古墳。

異な表現は、魂をつなぎ止め、寄りつく邪悪を排除する辟邪《へきじゃ》（魔除け）の観念表現であることはすでに指摘されているとおりだ。円文は青銅鏡である。他界での魂の復活と再生を願うとともに、反射する光に辟邪の呪力を期待したのであろう。

盾・靫・弓などの図文は、武器の威力で邪気をはらい、被葬者が安置される聖なる空間を護る辟邪の表現である。武器副葬は弥生墓からみられるが、古墳時代にいっそう顕著となる。前

図35 ●岡山県楯築墳丘墓の弧帯文石
亀石とよばれた、もと楯築神社の御神体（複製）。
同様のものが墳丘墓埋葬施設上部からバラバラとなって発見された。

図36 ●岩戸山古墳の墳丘上に立て並べられた盾と靫形石製品
阿蘇石製。

期の長大な木棺をとり囲むように配置された多くの鉄製武器も、辟邪の願いが込められたものであろう。

王塚の京大報告に興味深い記述がある。すなわち、岩戸山古墳の墳丘上に立て並べられた盾や靫形石製品の意味を説いたあとに、これらと等しい図文が描かれた壁画は「(亡き被葬者の)永久の住家たる奥城《おくつき》に於いて外から来るすべてをプロテクトする意味があった」とのべる。つまり辟邪の観念である。多くの研究者が指摘するように〝墓室装飾の第一の意義は辟邪〟とする見解が妥当だ。古墳の墳丘上に立て並べられたさまざまな形象埴輪も、墓室に描かれた壁画と同様な観念にもとづくことはいうまでもない。

霊魂のおもむく他界のありか

六世紀以降、各種の武器や幾何学的な抽象図文とともに、舟・馬などの図文が多く描かれるようになる。それらは霊魂を他界に導く乗り物と思念された図文であり、人びとのあいだに死者の魂が赴く世界（他界）がつよく意識されたことをしめしている。舟の図文は古く弥生絵に登場し、古墳時代には早くから埴輪に舟の絵が描かれた。五世紀には舟形埴輪がつくられ墳丘上や周濠内に置かれた（図37）。木棺のなかには明らかに舟形とみるべきものもある。こうした造形は、死者の霊魂が舟に乗り他

図 37 ● 三重県宝塚1号墳の舟形埴輪
舟上にキヌガサ形や大刀、儀仗などを立て並べている。

界へおもむく観念を具体化したものである。馬の図文は、騎馬文化伝来に際して北方騎馬民族の〝死者の魂は馬に乗って天界に向かう〟という他界観がもち込まれたのであろう。

石棺には鶴山丸山古墳のように、家形の図文を刻出したものがある。五世紀の九州中北部では蓋を屋根形に表現した石棺が盛行し、南九州の地下式《ちかしき》横穴墓は墓室を家屋とする表現が顕著だ。遺骸を収める棺、さらに墓室を霊魂の住まいとする観念があったことは間違いない。

横穴式石室が普及する六世紀になると、容器に食物を入れて墓室に供献する東アジア世界に共通する風習が急速に広まる。食物は死者が冥界で食すと念じられたもの。墓室内が霊魂の安住する世界と観念され、死後の世界観が変化しつつあったことをものがたる。

かつて私は、舟や馬で導かれる死者の霊魂の赴く先が、どこに、どのような世界として思念されていたのか、と問うたことがある。これに対する解は不十分だが、辰巳和弘さんや広瀬和雄さんが指摘するように、入口を厳重に閉鎖し、死後の食物を供献する墓室こそ、死者の霊魂が安住する死後の世界と観念されていたとみるのが相応しいだろう。

3　描かれた他界

文献にあらわれる多様な他界

古墳壁画の時代をわずかにくだって編纂された『古事記』や『日本書紀』には、「黄泉国《よみのくに》」「根国《ねのくに》」「妣国《ははのくに》」「常世国《とこよのくに》」など、多様な他界があらわれる。『古事記』のイザナキ・イザナミ神話の最後に、イザナキが死んだイザナミを黄泉国に訪ねる話がある。この黄泉国訪問譚の背景に、横穴式石室あるいはモガリの場面を想定し、黄泉国を死者の霊魂が赴く他界とする解釈が通説だが、神話の文脈からはそうした理解は困難だとする国文学者の見解もある（神野志隆光『古事記―天皇の世界の物語―』）。ここではこの問題に立ち入らず、黄泉国を、のちに人びとがイメージした〝死者やその霊魂の赴く世界〟と理解しておこう。

ところで、万葉集に収められた挽歌には、死者の霊魂の行方や他界観が身近な風景であらわれる。堀一郎さんによると、万葉集に採録された挽歌を死者の行方や他界観との関連で区分すると、山岳や山中、雲霧などに象徴される山中ないし天上に関連するもの、海辺や島をモチーフとするもの、野や川、谷、樹木などに関連するもの、黄泉や地下、はるかな遠方と関連するものなどに分れるという（「万葉集にあらわれた葬制と他界観、霊魂観について」）。『万葉集』の挽歌に詠み込まれた多様な他界観が当時の人びとの観念の実状に近いのであろう。

古墳壁画でも、天上や海上のはるか彼方を霊魂の赴くところと観念したらしい例がある。辰巳和弘さんは、そうした事例をもとに、「海の彼方、山の彼方、また空の彼方。古墳時代の祖先たちは、彼らが生活の基盤とするそれぞれの地域における、漠然とした「はるか彼方」に他界をみていた」（『黄泉国の考古学』）と指摘する。同感だ。

創出された他界の姿

古代中国では、人の死後、復活を願う招魂儀礼をおこない、それがかなわない段階にいたって遺体を埋葬する。中国の壁画には、死後に霊魂の昇仙を切望する昇仙図や生前と同質の生活を営む各種の場面が描かれた。また墓室内には多くの器物や明器が副葬され、死後の豊かな生活が願われた。中国古代史の伊藤清司さんは「招魂して死者の復活を願いながら、他方で昇天した死者が他界で幸福であり続けることを期待するのは一見矛盾するように思えるが、昇天して逸楽の生活を送るのは（中略）死者と同じ形と性格をもった死者の魂と理解できれば撞着はなくなる」と言う（『死者の棲む楽園―古代中国の死生観』）。その点で、亡き死者を埋葬した墓室は死者の魂の永遠の住処なのである。

多様な他界をイメージした古代日本の人びとの死後の世界観も、これにちかいのではないか。古墳は、墳丘の形と規模で被葬者の社会的地位を表現した。のみならず、古墳は周濠で画され、さらに二重・三重にめぐらされた円筒埴輪列で護られる。あらゆるものの侵入を忌避する霊魂安住の聖地と観念され、創出された他界でもあった。

大王をはじめ地域の有力首長たちが埋葬された前方後円墳のかたちについて、これまで多くの仮説が出されてきたし、現在も議論が進行中だ。近年、とりわけ、その「かたち」の創出に中国思想の影響を重視する議論が盛んだ。ひとつは、「天＝円、地＝方」の陽陰思想の二元的宇宙を融合したとする説、いまひとつは、神仙界への憧憬をもって壺形にあらわしたとする説である。これらの見解の当否は別として、古墳時代の人びとは古墳を亡き首長の霊魂がこもる聖地と観念したとみてよいだろう。

第4章　王塚の壁画を読む

1　王塚の壁画資料

先人の記録と二つの石室レプリカ

前にのべたように、私は二〇〇二年（平成一四）に王塚の壁画を見学する機会を得た。見学用のガラス窓を通してみえた壁画は玄室前面だけにすぎなかったが、発見直後におこなわれた福岡県と京都大学の精緻な調査報告書や、画家の日下《くさか》八光《はっこう》さん（当時東京藝術大学）が制作した模写図や、それにもとづいた復元図のほかに、整備事業で作成された各種の記録があり、それらから全体像のおよそを知ることができる。これからさきは、先人た

図38●王塚壁画模写中の日下八光さん

ちが残したこれらの資料に学びながら記述をすすめることにしよう。

現在、王塚の壁画は保存のため厳重に密封され、石室内に立ち入っての壁画見学はできない。それに代わって、二つの施設で石室の実物大レプリカが公開されている（国立歴史民俗博物館にもレプリカがあるが現在未展示）。ひとつは桂川《けいせん》町王塚装飾古墳館のレプリカ。それには日下さんが壁画本来の色を再現した復元図をもとにした壁画が再現されている。

いまひとつは熊本県立装飾古墳館のレプリカ。日下さんが現状を模写した模写図が克明にあ

図 39 ● 王塚装飾古墳館の石室レプリカ
日下八光さんの復元図を再現している。

図 40 ● 飯塚市歴史資料館製作の石室レプリカ
日下八光さんの現状模写図を表現している。
現・熊本県立装飾古墳館展示。

らわされている（飯塚市歴史資料館が製作し、二〇〇一年まで同資料館で展示されていた）。いずれも高精度に復元製作されており、壁画をくわしく観察するにはこの二つのレプリカ見学をお勧めしたい。

壁画の特徴

王塚の壁画は、小林さんが指摘したように、複雑華麗さで他の追随を許さない。その特徴をひとことでいえば、壁画が描かれたキャンバスの広さと図文表現の精緻さ、墓室の部位に合わせて周到に配列された図文構成にある。これに、使用された顔料の豊富さも加えることができるだろう。

京大報告では赤・黒・緑・黄の四色の顔料とされたが、のちに青が加えられ五色とする見解がだされ、現在はさらにもう一色の使用が推測されている。この点は後でとり上げよう。小林さんは王塚壁画の図文をつぎの四種に分類している。

①馬
②盾と靫、大刀と弓
③双脚輪状文《そうきゃくりんじょうもん》と蕨手文《わらびてもん》
④四種の三角文と珠文《しゅもん》・同心円文

①と②は動物や器物を素材とした具象文、③と④は幾何学的な抽象図文である。具象的な図文も、実物を多少なりともデフォルメしてあらわされている。

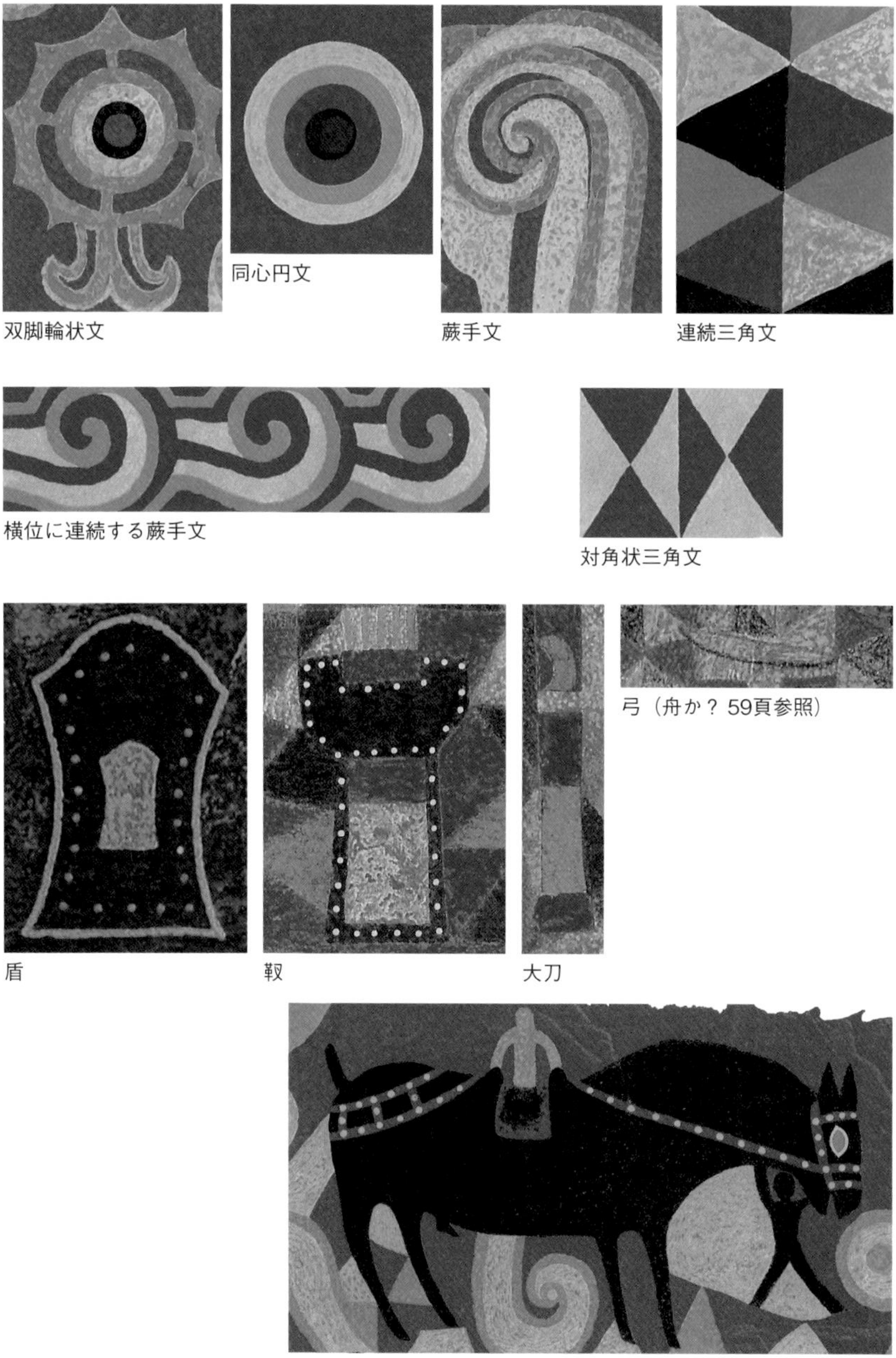

図 41 ● 図文の種類
（日下八光さん復元図より）

ところで、王塚の壁画は描かれた部位やキャンバスごとに図文の種類と組合せ（構成法）、さらに表現法にわずかながらちがいがある。図文配置になにがしかの約束事＝文法があるらしい。

2 玄門前面の壁画

華麗な壁画に出会う

墓道を下ると幅広い羨道《せんどう》にいたる。その左右側壁《そくへき》と二段にせり上がる天井石は赤色原料が塗られている。羨道突き当たりは玄室《げんしつ》に入るための出入口（玄門《げんもん》）があり、それらを構成する袖《そで》石《いし》と楣石《まぐさいし》、冠石《かんせき》前面にあますところなく図文が描かれている（図42）。

袖石の壁画は人物騎馬像を主文とし、周囲に双脚輪状文・蕨手文・同心円文・三角文が描かれる。騎馬像は右壁に二段、左壁に三段の計五つを縦方向に並べ、一段ごとに黒と赤に塗り分けている。右壁は上から黒・赤、左壁は上から黒・赤・黒である。壁面全体が赤色顔料で塗布されているため、赤色の馬は外周に赤色以外の図文を配置して騎馬像を浮かび上がらせている。

馬の図文は四脚をそろえ頭部を下げて静かにたたずむ姿態をあらわす。ほぼ真横の図柄だが、この視点からは本来みえないはずの馬の四脚をすべてを描く。佐原真《さはらまこと》さんが指摘する、原始絵画や児童画に特徴的な多視点の画法だ。

騎馬像は一色で描かれ細部の馬装表現がないのがふつうだが、王塚のばあい、面繋《おもがい》と尻繋《しりがい》、鞍《くら》と障泥《あおり》、手綱までが色を塗り分けてていねいに描かれ、手綱には細かな鋲点までがつけ加えられている。これに対して、馬上の人物は一色でアンバランスなほど小さく描かれる（図43）。

なおつけ加えれば、腹部の下に牡馬であることを忘れない表現がある。小林さんは、「作者の自然さと思い合わせるとほほ笑ましい」とのべる。また、左壁最上段の馬の頭部下に右手で手綱を左手で轡《くつわ》付近を手にとる馭者《ぎょしゃ》が添えられている（図41）。

玄門袖石に描かれた騎馬群像

馬や騎馬像は、六〜七世紀代の彩色壁画にしばしば描かれる図文

図42 ● 玄室前面の壁画
（国立歴史民俗博物館のレプリカ）

である。表現方法は大まかに次の五種がある。

第一は、王塚の騎馬像のように、人物が特定の所作をおこなわないもの。第二は、馬上人物が弓を引くポーズをとるもので、矢の向かうさきに鹿などの動物が描かれた狩猟場面の表現。第三は、馭者にひかれた空馬。第四は、空馬のみの表現で、熊本県弁慶ヶ穴古墳のようにゴンドラ形の舟上に空馬を描くものもある。第二、四の表現が多く、第一は王塚、第三は竹原古墳

図 43 ● 玄室前面袖石の壁画
上：左側袖石、下：右側袖石。
（日下八光さん復元図）

のみの表現である（図44）。なお、王塚の騎馬像（馬）は日岡古墳とともに日本でもっとも早い例だ。

すでに多くから指摘されているように、第三、四表現の馬は霊魂が他界へ赴くさいの乗り物、第二の表現は他界での狩猟儀礼を願う図文である。王塚の騎馬像は亡き死者の霊魂が馬に乗って他界へと赴く情景の表現であろう。

馬の図文は墓室内に描かれることが一般的だが、王塚は玄室入口の袖石前面である。なおかつ、玄門入口の空間を挟んで左壁に三段、右壁に二段の騎馬像が向かい合うように描かれ、あたかも遺体埋葬に際して玄室に向かう葬列を迎えるようにも見える不思議な構図である。

騎馬像をとり巻く辟邪の図文

騎馬像の周囲は、同心円文、双脚輪状文、蕨手文、三角文の四種の幾何学図文で埋めつくされる。

同心円文はドーナツ状に色を重ねた円文。双脚輪状文は外縁に棘状突起《きょくじょうとっき》をもち、その一端に二脚がつく。蕨手文は早蕨《さわらび》の先端が巻くような形状。「の」字形に巻くもの、直線の軸部から外反する先端部が延びるもの、二つの蕨手文で一つの単位図形をなす複合蕨手文がある。先端が互いに外反するものを複合

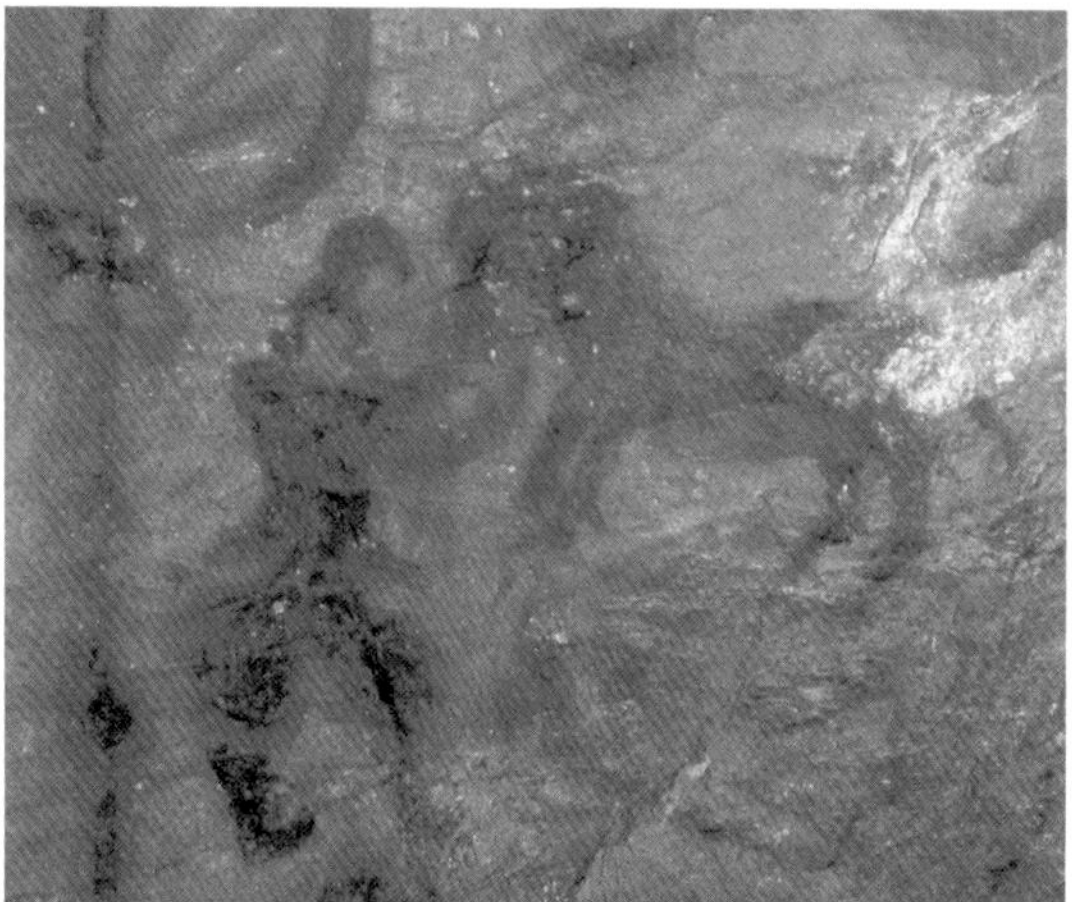

図44 ● 馭者にひかれた空馬
竹原古墳の壁画。

蕨手文A、逆に先端左右が内側に向かい合うものを複合蕨手文Bとしておこう。

右壁からみてみよう。複合蕨手文Aが上段の騎馬の頸部と体部上、さらに右足後部から派生するように描かれる。単体蕨手文は上下の騎馬像の左側を埋めるように三つ、そして下段騎馬の前足左側に一つが描かれる。複合蕨手文Aは、内側から黄・緑・赤の三色を、蕨手文は中央から黄・緑の順に色を重ねる。双脚輪状文は上段騎馬像の左側に二個を置き、その外側に一つの同心円文を配置している。三角文は壁画図文の外縁に添えるように描かれる。

左壁の壁画は上段の馬の左右にひとつずつの同心円文を配置する。右壁に多用された複合蕨手文Aがなく、渦状の蕨手文が顕著だ。中段の騎馬臀部に描かれた複合蕨手文Bは、中央に山形の三角文を置いてパルメットの形状を表現する。なお単体の蕨手文は黄色の中央部を緑色の線で縁どるシンプルな表現である。

また、袖石上に掛け渡された楣石は、黄・赤・緑の三色を使って蕨手文を上下に方向を変えてくり返す。王塚以外に例のない特異な構成だ。右端に双脚輪状文を添える（図42）。

ここで、左右の袖石に描かれた壁画の違いについてふれておきたい。左と右の袖石では、騎

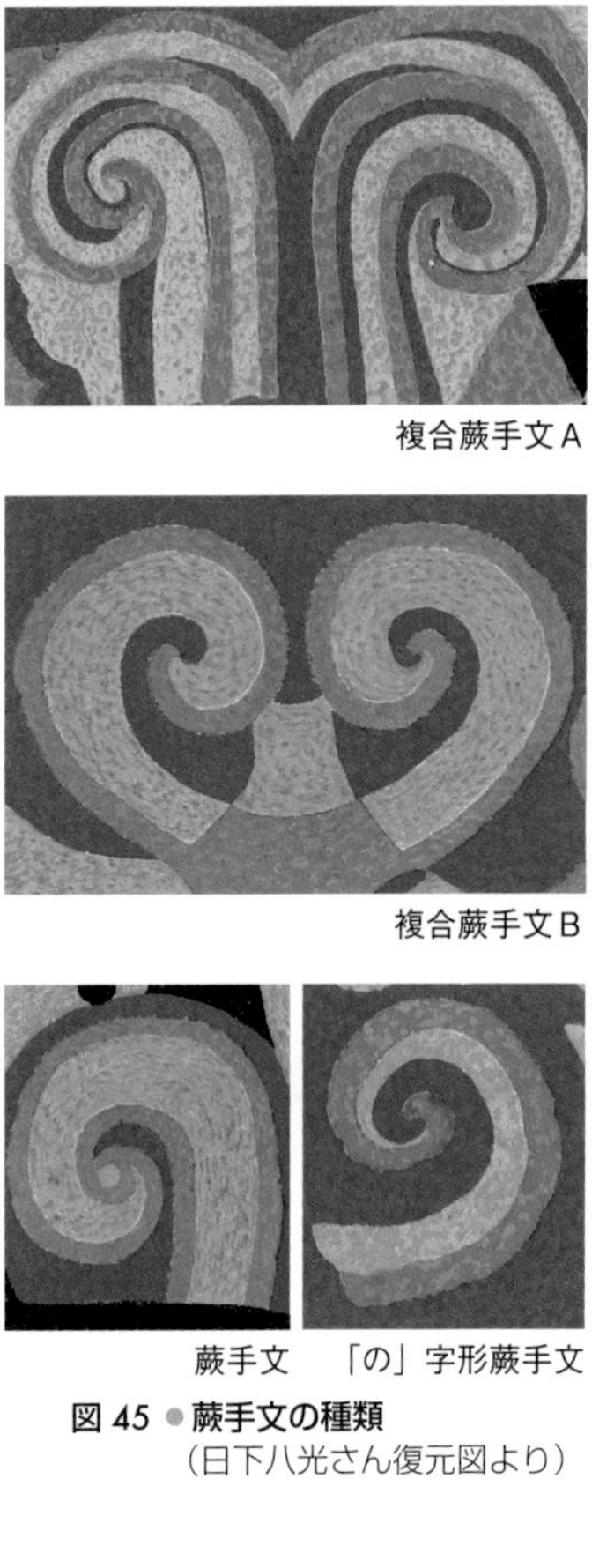

図45 ● 蕨手文の種類
（日下八光さん復元図より）

馬や幾何学文などの図文種類は共通しながらも、図文の配置や構成、配色に変化をもたせ、壁画の作者はあえてシンメトリー（左右対称）を避けたふしがある。この点は玄室の壁画にも顕著で、王塚壁画の文法のひとつとみたい。

冠石前面の壁画

楣石の透かし窓の上に、前面に突き出た冠石がある。その前面側は赤色顔料の上に、黄色の珠文がみられる（図42）。直径五、六センチほどの珠文は、顔料を塗ったというよりも粘土を押しつぶして貼付した感じだと小林さんはのべている。多少のばらつきがあるが、上下二段に九個が描かれている。図案化した配列だが、あたかも夜空の星をイメージさせる。後述する玄室上部にも同様な珠文が全面に描かれる。

幾何学的抽象図文の系譜

同心円文　円文に色を重ねて装飾化した図文である。単純な図形だけに変化に乏しいが、内部を条線で区切って車輪状にあらわしたり、外周に突起をつけるものなどもある。彫刻図文のなかに

図46 ● 熊本県釜尾古墳の石屋形に描かれた双脚輪状文
（日下八光さん復元図）

は紐や縁の鋸歯文などの細部が写され、青銅鏡を模したことが明確な例もある。福岡県珍敷塚《めずらしづか》古墳の同心円は外周円内に珠文をめぐらす異例の表現だが、図文の位置から日像（太陽）をあらわしたものと推測されている。

双脚輪状文　これは熊本県釜尾《かまお》古墳の石屋形に描かれた図文に、濱田《はまだ》耕作《こうさく》さんが与えた名称だ（図46）。発見当時、ほかに対比できる資料がなく議論を呼んだが、棘状突起や二本の脚の形状からスイジガイをデフォルメした図文とみる見解が有力だ。

スイジガイは南西諸島の奄美大島以南で採取できる大型巻貝の一種。今でも南西諸島の民家では軒につり下げて魔よけとすることがあるという。棘状突起の鋭い先端に邪霊の侵入を防ぐ威力を期待したのであろう。前期古墳の山梨県大丸山古墳や静岡県銚子塚古墳ではスイジガイ製の貝輪を副葬している（図47）。

三角文　この図文には二つの系統がある。ひとつは、直弧文の省略過程でフレーム部分だけを抽出した格子形（X字形）の単位図形から成立したもの。石障に彫刻された井寺古墳の直弧文から千金甲《せごんこう》一号墳のX字形を経て、塚坊主《つかぼうず》古墳の石屋形に描かれた連続三角文につながる（図48）。王塚に多用される連続三角文はこの系統である。

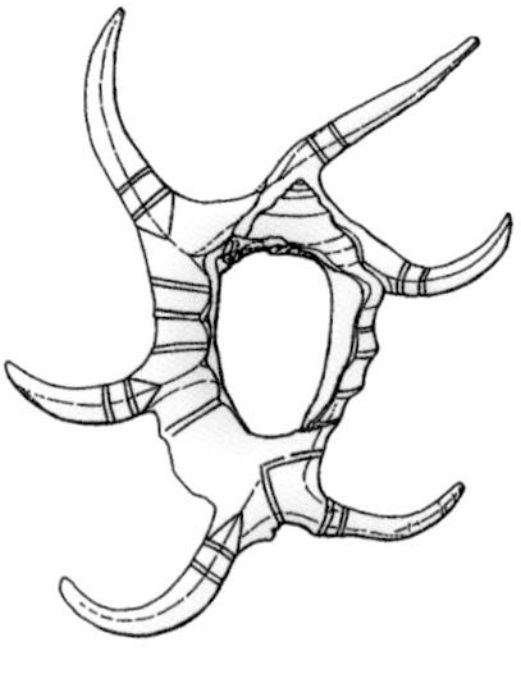

図 47 ● **スイジガイ製の貝輪**
静岡県松林山古墳。

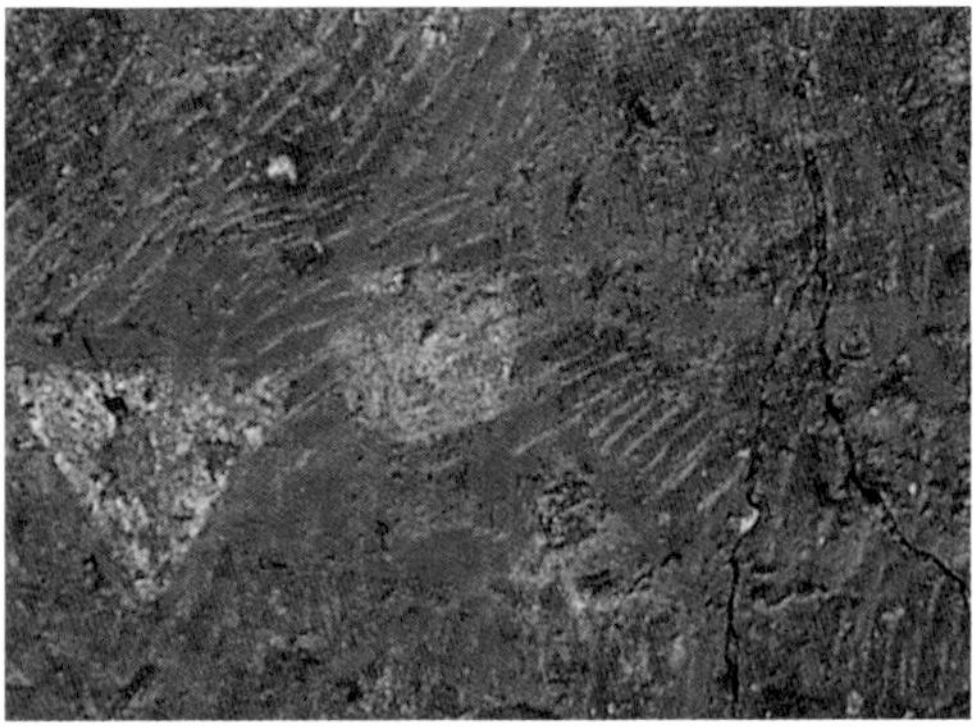

図 48 ● **熊本県塚坊主古墳の石屋形に描かれた連続三角文**

いまひとつは弥生時代の器物につけられたもの。たとえば銅鐸の鰭《ひれ》や鈕《ちゅう》、さらに鐸身に連続三角文（一般に鋸歯文《きょしもん》とよばれる）がつけられるものが多い。また、種籾を収める壺形土器の口縁部や体部にも連続三角文がつけられる。弥生後期に吉備地方で発達した特殊器台の口縁部や脚端部にも連続三角文が刻まれる。三角文は、聖性をふされた器物内部への邪悪侵入を防ぐ辟邪の図文と思念されていたのである。

壁画に三角文が多用されるのは直弧文省略系が登場してからのことである。しかし、古墳時代のはじめから革盾や形象埴輪の盾面の周囲に連続三角文がめぐるのはよく知られている。五世紀代の島根県丹花庵《たんげあん》・熊本県石《こく》立《りゅう》古墳などの石棺蓋に連続三角文が表現されるのは、こうした観念が人びとの意識のなかで連綿とつながっていたことをものがたる（図50）。

謎の蕨手文

蕨手文は、由来が不明瞭で研究者を悩ます図文である。先端の渦巻く形状が早蕨に似ることからつけられた名称だが、原形はよくわかっていない。唐草文を源流とする

図 49 ● 銅鐸に描かれた三角文と双頭渦文
和歌山県林長谷出土。右は拡大図。

斎藤忠説、漢代壁画の芙蓉樹《ふようじゅ》（仙界の生命の樹）を象徴化したという岡本健一説、あるいは「万物を呑みこみ、永遠の収縮（死）を続けるいっぽうで、万物を吐き出し、永遠の拡張（生）を続ける図形、（中略）永遠を象徴する」図文とする辰巳和弘説などがある。

渦巻きの図形は縄文・弥生時代からみられる。弥生時代の銅鐸には双頭《そうとう》渦文《かもん》が鰭や鐸身にしばしば表現されたほか、山陰地方の弥生後期の壺の口縁部にスタンプされたものもある。また吉備地方に発達した特殊器台のなかにも、蕨手文状の図形がみとめられる。鋸歯文（連続三角文）と同様に辟邪の意志とみたい。これらの図文も古くからつながっている。

蕨手文の図形は単純なだけに多様に表現される。作者たちはそのちがいに意味をもたせたのかもしれないが、私に読みとることはできない。ただ、「の」字形の蕨手文（渦文）は刀装具の象嵌に多用され、早くから形象埴輪にも描かれることに注意したい。

王塚の壁画のなかで蕨手文が大きく描かれることはない。決して壁画の主役になることはないが、描かれなければならない図文と認識されていたのである。

図 50 ● **石棺蓋に彫刻された連続三角文**
島根県丹花庵古墳。

図 51 ● **刀装具に刻まれた「の」字状蕨手文**
綿貫観音山古墳出土（国保管）。

以上のように、玄門入口の袖石に描かれた壁画は、葬列を迎え威儀を整えるかのような騎馬群像を中心に、周囲を辟邪の図文で埋めつくしている。

同心円文・双脚輪状文・連続三角文・蕨手文などは、先述したように出自を異にする。それぞれ期待される辟邪の観念がちがっていたのかもしれないが、くわしいことはわからない。いずれにしても、死者の霊魂が安住する聖なる空間に邪悪なものの侵入を阻止しようとするつよい願いが描かれたのである。

3　玄室腰石をいろどる壁画

広大なキャンバスを埋める図文群

大人がようやくくぐり抜けられる程度の狭い玄門をくぐると、そこは亡き首長やその縁者たちの遺骸が安置された玄室である。六世紀前葉に限れば九州最大級の規模だ。

奥壁と左右側壁の下半部を大人の背丈ほどある腰石がしっかりと支えている。玄室の壁面はすべて壁画で満たされ、余白をまったく残していない。日本の壁画装飾のなかで、これほど広い壁面に各種の図文を描いた例はない。

側壁・奥壁の腰石と前壁の袖石は靫ないし盾と大刀を主図文に描き、余白を各種の抽象図文で埋める。これに対して上部の壁面は赤く塗った上に黄色の珠文を散らし、下部との見事なコントラストをしめす。

玄室の奥壁に沿って設けられた石屋形にも複雑な壁画が描かれる。先述したように、石屋形の複雑な構造は比類なく、あますところなく描かれた壁画も異色だ。

前壁袖石の壁画

玄室前面壁画の背面にあたる部分である。玄門の位置が中央よりも左側にかたよっているため、壁画のキャンバスは右側が広く、左側がせまい（図52）。

右側の壁面は、上段に五個、下段に四個の靫を上下二段に配置し、靫のあいだに大刀を添え、残る余白を三角文で埋める。左側の壁面は上段に三個、下段に二個の靫を置く。下段の靫が上段より一つ少ないのは右側と同じだが、右端に蕨手文を描く。

靫は矢を収めて背に負う携行容器である。上部が左右に開く凹字形、下が裾広がりの台形で、全体の形状は奴凧にちかい。靫の実物は革や織物でつくられた筒状の矢筒に、木製ないし革製の背負い板がつく。古墳に副葬された実物は腐植しているため良好な資料は少ないが、形象埴輪や石製品に同じ形状のものがある。

右側の壁画は靫のあいだに五本の大刀を配置する。上段に三、下段に二つある。大刀は裾広がりの鞘尻《さやじり》を下にして直立する。上から、柄《つか》と鞘口《さやぐち》を黄ないし赤、鞘を赤と緑に塗り分け、鞘尻は赤もしくは黄の三色でカラフルに表現している。すべての大刀の柄に湾曲する勾金《まがりがね》が緑色で描かれ、倭風《わふう》の装飾大刀をモデルとしたことがわかる。

靫や大刀の余白は赤、緑、黒、黄色の四色で連続三角文を描き分ける。上下の靫のあいだは横位に走行する連続三角文、同列の靫のあいだは図文に沿って縦位の連続三角文を描くものが多い。隣接の靫のあいだの空白が大きい部分には、対角線状に色を塗り分けて表現するところもある。なお、左側の右端に蕨手文が上下二段に描かれたことは先述したが、その表現法は玄門前面側と等しい。

袖石上の楣石には横位に走行する二段の連続三角文を描く。王塚の図文表現は平塗りが基本だが、この部分だけ三角文の輪郭を細い赤線で描き、そのなかを赤・黒・黄の三色で埋める。

靫にみられる二つの表現

王塚の壁画に描かれた多数の靫の図文に二種の表現があるのは、すでに小林さんが指摘している。この点をもう少しくわしくみておこう。

前壁の袖石には上下二段に靫が描かれているが、上下の靫は図形と表現にちがいがある（図53）。

上段の靫は全体の外縁を幅広の赤線で縁どりし、そ

図52 ●玄室前壁袖石の壁画
（日下八光さん復元図）

の内側を黒色で塗りつぶしている。凹部が直線的に外傾する上部と、下部の台形のあいだを赤色の横帯で区切り、縁どりと横帯内に鋲をあらわす小点をめぐらしている。

これに対して下段の靫は、下部を赤色と黄色の二色に塗り分ける。黒色の帯で外周を縁どり、そこに鋲点をめぐらす。また下段の靫も左・右側の壁面で異なる表現がある。左側の靫は、裾広がりの下部を赤・黄色で塗り分けた境界に黒色の横帯を描くのに対して、右側の靫は境界の黒色横帯を描いていない。

さらに細部に目を向けると、鏃の表現にも二通りがある。凹字形の内側に鏃を描くものと、凹字形の内部を赤色で塗った上に鏃を描くものである。上段の靫はすべて前者の表現で鏃は二〜三本と少なく、下段の靫は後者の表現で鏃も五本のものが多い。

小林さんは、靫にみられる二種の表現を描き手のちがいと考えた。石室全面の広いキャンバスを考えると、複数の描き手を想定するのは当然であろう。

しかし、この表現のちがいは描き手によるものでなく、シンメトリーを避ける作者の描写の文法とみたらどうだろうか。壁画模写図を作成した日下さんも別な視点から複数の壁画作者を想定している。この点については後述することにしよう。

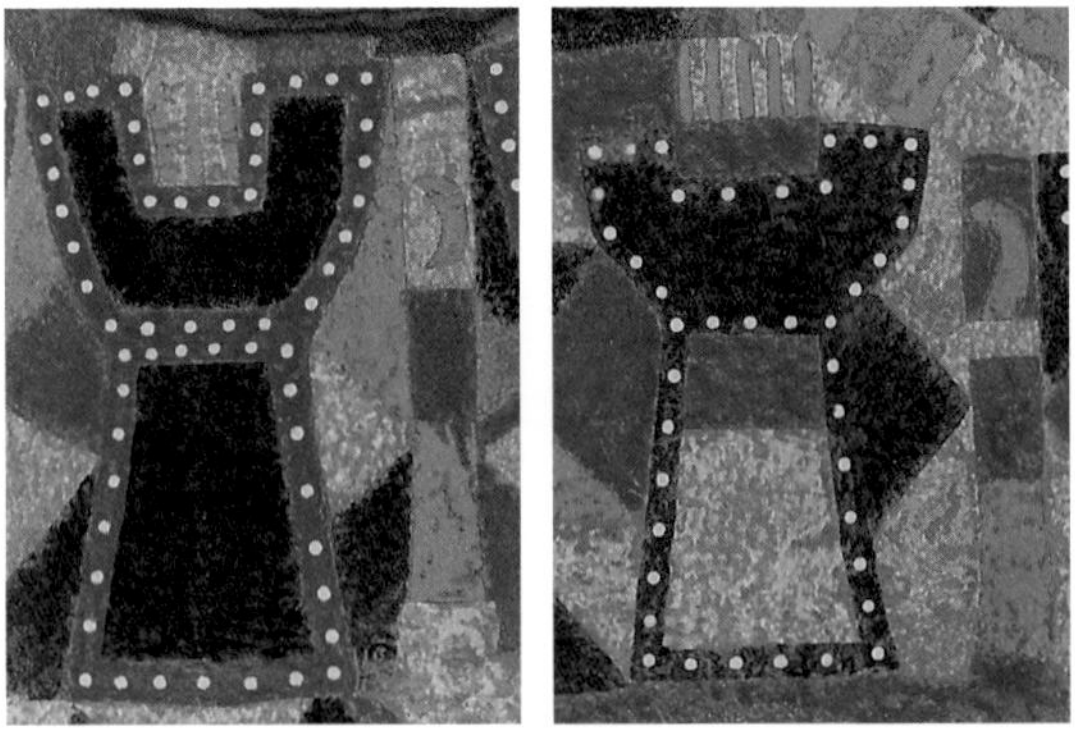

図 53 ●前壁袖石に描かれた２種類の靫
左：上段の靫、右：下段の靫。
（日下八光さん復元図より）

右側壁腰石の壁画

側壁は、奥行き四メートル、高さ〇・九〜一・六メートルの巨大な腰石が一枚のキャンバスである。石材は周到に選択された花崗岩で、研磨されていないため表面に独特の小さな凹凸があるが、それを克服した作者の筆さばきは見事だ。

右側壁の壁画は発見当時から下半部の汚染が著しく、小林さんは「下部は殆ど色彩を識別しがたい」と記す。しかし、画家の日下さんの目は鋭く確かである。模糊とした壁画にわずかに残る顔料をとらえて精緻な模写図を描き（図54）、それをもとに復元図を作成した（図55）。日下さんの復元図にもとづいて壁画をみてみよう。

壁面いっぱいに描かれた壁画は靫を中心図文とし、その余白を縦位の連続三角文で埋めている。奥壁寄りの一メートルあまりに靫は描かれていない。靫は上下二段に描かれ、上段に九個、下段に一〇個ある。玄門袖石と同じ配列だが、靫の間隔はゆったりしている。上下の靫の図文間隔は約四〇センチ、ちょうど靫の高さひとつ分を空ける。靫のサイズは袖石の靫とほとんど同一だ。ちなみに左側壁に描かれた盾の図文も高さが四〇センチ前後とそろっており、図文サイズに一定の基準があったらしい。

なお、玄門寄り上段の二つの靫上に小林さんが弓とする図文がある。しかし、弓は縦位に表現するのが一般的で、水平表現はゴンドラ型の舟の図文と見るべきであろう。

このほかに興味深い図文がある。上段中央の靫の上部から右側をめぐるように白色で描かれた五ないし六個の珠文である。腰石に描かれた珠文としては唯一のものだが、これまでほとんど注意されてこなかった。しかし、玄室上部や天井部に描かれた珠文群と対比するときわめて重要な意味がありそうだ。この点は第5節で考えることにしたい。

靫の図文表現と配列

前壁袖石の靫とくらべて、右側壁の靫は表現がやや簡略化されている。また前壁がそうであったように、右側壁の靫も上下二段のあいだで細部表現が異なる。ただし、下段の二個が上段と等しい表現をとるなど多少の混乱もあるようだ。

上部の靫は玄門寄り（右端）のひとつを除いて同一の表現をとる。靫本体の上部と下部を黒色で塗り、そのあいだと外縁を赤色の帯線で縁どるが、前壁の靫にみられた縁どりの鋲点が省略されている。右端の靫は上部を赤で塗りつぶし、黒色の下部とのあいだの横帯に二段の鋲点を打つていねいな表現となっている。鏃の表現は前壁と同じく凹部内に条線であらわしている。

これに対して下段の靫は、左端と右から四個目が赤の色線で外縁を縁どり、鏃を凹部内に描く上段と同じ表現となる。残る八個の靫は鏃を凹部上に突出して描き、外縁の縁どりをともなわない

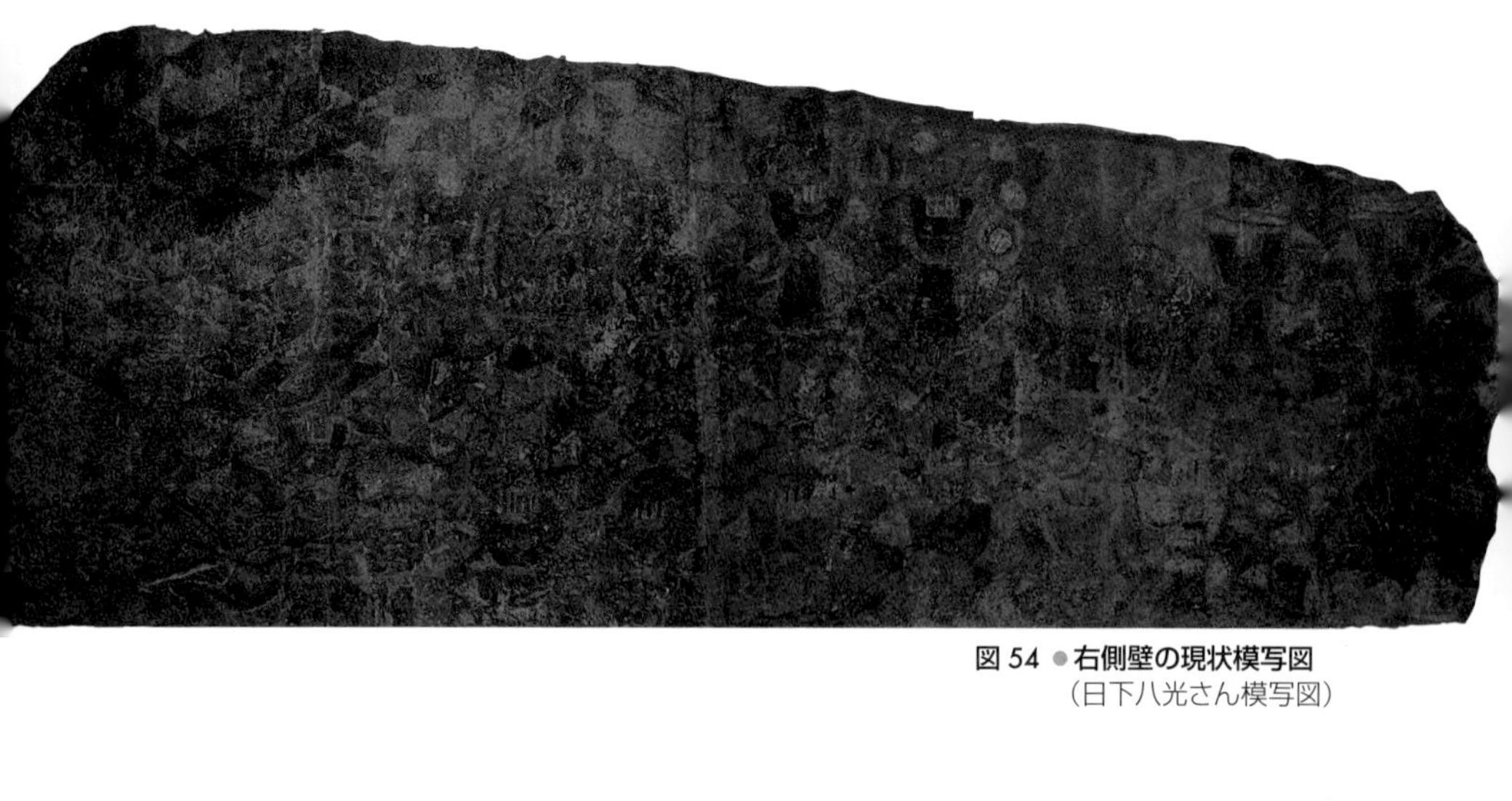

図 54 ● 右側壁の現状模写図
（日下八光さん模写図）

が玄門寄りの二個のみ赤色の縁どり帯線があらわされる。

図文配置をみると、いくつかの単位で描かれたようだ。たとえば、上段の奥壁寄りの六個は図文の上・下辺がほぼ水平にそろう。そのうち向かって右よりの五個は、図文上辺が細い赤色の帯線で結ばれている。一連の配置をしめすものだろう。他方、玄門寄りの三個は等間隔だが高さが不ぞろいだ。また、下段の玄門寄り四個は上辺の高さをそろえ、かつ図文間がせまい。

これに対してその左側の五個は図文の間隔がやや広めに等間隔に配置される。こうした図文のまとまりは、一連の描写手順をしめすものだろう。しかし、下段左端の靫のように飛び抜けて高い位置に描かれることもある。図文構成の整然さやシンメトリーを避ける文法であろうか。

靫と連続三角文の文法

靫の余白を埋める連続三角文は縦方向に連なり、水平方向に整えようとする気配がほとんどない。フリーハンドで描かれているため、縦方向に微妙なゆれがあり、図文単位の帯幅も一定しない。石材の外周付近では、輪郭に沿って湾曲するところもある。三角

図 55 ● 右側壁の復元図
（日下八光さん復元図）

文は正三角形を基準としたようだが、必ずしもそれにこだわらない。三角文のサイズにもかなりのちがいがあり、上段の靫の上に配されたものはほかの部位とくらべて大きい。

靫と連続三角文の配列にはいくつかのルールがあるらしい。

ひとつは、下段の靫上部に描かれた鏃が三角文の縦幅一単位となるもので、下段一〇個の靫のうち左端の二個を除く八個が該当する。左端の二例は鏃の中央付近に三角文の縦位区画が接続している。つまり、上下の靫のあいだは、下段の靫の鏃幅を基準にして縦位の三角文を配列したのであろう。並列する靫のあいだは、上下の靫間の区画をそのまま延長して三角文を描くものと、任意に設定するばあいがある。後者は変形の三角文を使用することが多く、これが壁画全体に躍動感を与えている。

三角文は赤・黒・緑・黄の四色で塗り分けられ、辺を接する三角文が同色で描かれることはない。かといって同じ配色パターンをくり返すというほど単純でもない。整然さのなかに多様さをもたせた作者の豊かな色彩感覚がうかがわれる。

左側壁腰石の壁画

左側壁腰石の壁画は、盾を中心図文としその余白を連続三角文で埋める。この壁面は王塚のなかでもっとも汚染がひどく、小林さんは「一面黒色の泥土に蔽われ、もとの色彩を判別しがたいが、幸いに図形の輪郭の顔料が高く盛り上がっているので、そこに楯の図が二段に描かれているのを知ることが出来る。……余白には三角形文が用いられていて、辛うじて赤や黄の色を認め得る」とのべるほどであったが、日下さんの模写によって図文の全容が明らかとなったことは右側壁と同じだ（図56）。

壁面の玄門側半分程度に盾を上下三段に並列する。盾は上段に四個、中段に三個、下段六個と、これらと高さをたがえて描かれた左端の二個を加えて一五個となる。

盾の図文は両側縁が弧状にくぼみ、下辺が直線、上辺が半円形だが、配色に二種ある。ひとつは図文外縁を黄色の細い帯で縁どるもの。内面を黒色に塗り、盾面の中央に黄色の小型の盾をあらわし、外縁に沿って黄色の鋲点をめぐらす。いまひとつは、赤色の細帯で縁どりするもの。黒色の盾面中央に赤色の小型の盾をあらわす。下段の右寄り三個が後者である。外縁の鋲点はよくわからないが、赤色であらわされていたであろう。なお下段の盾の図文は、下半部が床面に敷かれた敷石に隠れている。

このキャンバスには不思議な図文がある。それは、上段の盾と中段の盾端部にほぼ水平に描かれた三、四本からなる黄色の条線である。上段盾の右端上部とその上に描かれた三角文の左側にも短い縦線が描かれる。ほかに例がなく、何をあらわしたのか見当がつかない。

図56●左側壁の壁画
（日下八光さん復元図）

奥壁腰石の壁画

奥壁の腰石は石屋形の奥壁を兼ねるため、壁画は石屋形の他の部位との一体化が図られている。全面を縦位の連続三角文で埋め中央下部に五個の靫を描き、その中央の靫上部にもう一個の靫を添えるだけのシンプルな構成だ（図57）。石屋形の側石や蓋石の背面に接する部分の図文はみえないが、周囲の連続三角文に乱れがないから、石屋形の設置前に描かれたのであろう。

奥壁中央下部の五個の靫は上端の高さをそろえて整然と等間隔に並べて描かれる。下半部は屍床石に隠れてみえないが、黒色で平塗りされた上部の凹部の上端を赤色で埋め、その上部に緑で鏃を描く。右側壁下段の靫と同じ表現だ。下段中央の靫の上方に描かれた靫は、輪郭線だけを描いた不思議な描写である。どのような意図があったのだろうか。

4　石屋形の壁画

意をつくした図文構成

石屋形構造の特異性は前にのべたが、壁画の巧みさも出色だ（図57）。小林さんは、屍床石上面にも赤・緑色の顔料がみえたが図文は消失し判然としなかったという。

石屋形本体の内面、蓋石の上・小口面はすべて連続三角文で埋めつくされる。蓋石上面の三角文は、前後に二分してサイズを変える。屍床石の前方二段の小口面はじつに個性的な図文が描かれる。遺骸安置用の彫り込み前方の小口面は、中央に二個のX字形三角文をはさんで両側に「十字文」とでもいうべき奇妙な図文を配し、その左右に下向きの蕨手文を描く。屍床石前端の小口面は一一個の蕨手文を横位に連ねる。

障石の壁画は遺体の頭部側と足下側で図文が異なる（図58）。頭部側の障石は内面にX字形三角文を、上面に連続三角文を描く。X字形三角文は六単位の図形を並べるが、左側の二単位が大きく右側の四単位が小さい。屍床石の奥壁側外端が一段高くなるのと対応しており、あらかじめ石屋形を組み立てて壁画サイズを決めたのであろう。

足下側の障石は内面に外反する複合蕨手文Ａ二個と右巻きの単体蕨手文二個を、上面にX字形三角文の図形単位を七個繰り返す。

このように、石屋形の壁画は施文部位ごとに図文種類と表現方法を変えている。王塚の壁画のなかで、これほどまでに図文を装飾的に描いた部位はほかにない。亡き死者を包む空間をよりていねいに描こうとしたのであろうか。なお、石屋形の内面が連続三角文だけで

図57 ● 玄室奥壁と石屋形の壁画
（王塚装飾古墳館のレプリカ）

満たされたのは、この図文に格別な役割が期待されていたことをしめしている。

灯明台石の壁画

石屋形正面の左右に置かれた灯明台石は、内・前・上の三面に図文が描かれる。前面は左右とも靫を大きく描き、双脚輪状文と蕨手文を添える。靫はさきにみた右側壁の下段の配色と同じだが、外縁の縁どりと横帯に黄色の鋲点を多用し靫の図文のなかでもっともていねいな表現だ。

右側の灯明台石は靫を中央に置いて内側に双脚輪状文を描くほか、六つの複合蕨手文Aを靫から派生するように配置している。蕨手文は大・中・小に描き分けられ、表現・配色はどれ一つとして同じものはない。左側の灯明台石は靫を外側に、内側に双脚輪状文と蕨手文を描く（図59）。

上面のほぼ中央に浅く掘り窪められた浅皿状のくぼみがある。右の灯明台石は全体をX字形三角文で埋め、円形くぼみの内面と外縁に同心円文を描く。左の灯明台石は浅皿状くぼみの右側に同心円文を配置するだけで、残りを赤色顔料で埋めている。

灯明台石前面の靫を騎馬像に換えると、玄室前面袖石の壁画と図文構成が類似する。玄門は玄室への、灯明台石は石屋形への入口にあたる。壁画作者は、墓室構造の全体を見通した図文

図58 ● 石屋形障石の壁画
上：頭部側、下：足下側
（王塚装飾古墳館のレプリカ）

配置を構想したとみてよい。

なお日下さんは、玄室前面の袖石壁画と灯明台石前面壁画の左右における表現の相違を造形感覚のちがいとみて、複数の描き手を想定した。

玄室腰石の壁画はいつ描かれたか

左右の側壁腰石に描かれた盾と靫は、奥壁前面にすえられた石屋形の手前で終わり、奥壁寄りは連続三角文だけで埋められる。この図文配列は石屋形の位置を考慮してのことだろう。

右側壁と石屋形側石との空隙は二〇センチあまり、石屋形設置後に壁画を描くことは不可能である。左側壁側はほとんど空隙がなく、石屋形の設置後に壁画を描くことはまったく不可能だ。石屋形が接する奥壁の場合も同様で、奥壁と左右側壁の腰石の壁画は、石屋形を組み立てる前に描かれたとみるほかない。それでは腰石の壁画は石室構築のどの段階で描かれたのか、その手がかりは石屋形にある。

石屋形を構成する最大の部材は屍床石。平面で一・七

図59 ● 灯明台石の壁画
（日下八光さん復元図）

×二メートル、最大の厚さは三〇センチを超える。石室が完成したのちに、この石材を玄門から内部にもち込むことは不可能だ。腰石をすえた段階で部材を搬入し、石屋形を組み立てたはずである。つまり、腰石の壁画は上部の壁石を積み上げる前に、白昼のもとで描かれたのである。壁画の精緻な図文表現と絶妙の配色は、暗闇のわずかな灯りのもとでは不可能にちかい。

つけくわえれば、石屋形の壁画も玄室内に持ち込まれる前に描かれていたことは間違いないだろう。

5 墓室上部をおおう珠文群

天界をしめす珠文群

辟邪の図文で満たされた腰石、その上部の壁面は真っ赤な顔料上に黄色の珠文が散りばめられている（図6参照）。

珠文は直径五、六センチ程度のものと一、二センチの二種。顔料が剝落した部分も予想されるが、約二三〇個あまりの珠文が確認できるという。腰石上端はおよそ大人の目線の高さである。そこから目を上方に転ずると、ドーム状の石室全体が珠文でおおわれている。まさに、玄室を星辰輝く天界におおわれた世界とあらわしたのであろう。

なお、奥壁の石棚や前壁の冠石などの大型石材に描かれた珠文は、一定間隔に配置されて図案化しているが、上部の各所で大小混在して珠文が描かれているのはなにがしかの意味があるのかもしれない。

天井画の謎

玄室頂をおおう天井石の内面には、上部壁面と異なる多数の珠文が描かれている。

この図文に気づいた日下さんは詳細な模写図を残した。壁画発見後まもなく、精緻な模写図を作成した小林さんがこの図文にふれることがなかったのは不思議だ。本書執筆時に国立歴史民俗博物館に収められた日下さんの模写図を見学させていただいたが、見事なまでの星宿図だった（図60下）。レプリカ作成のためいく度となく現地の壁画を

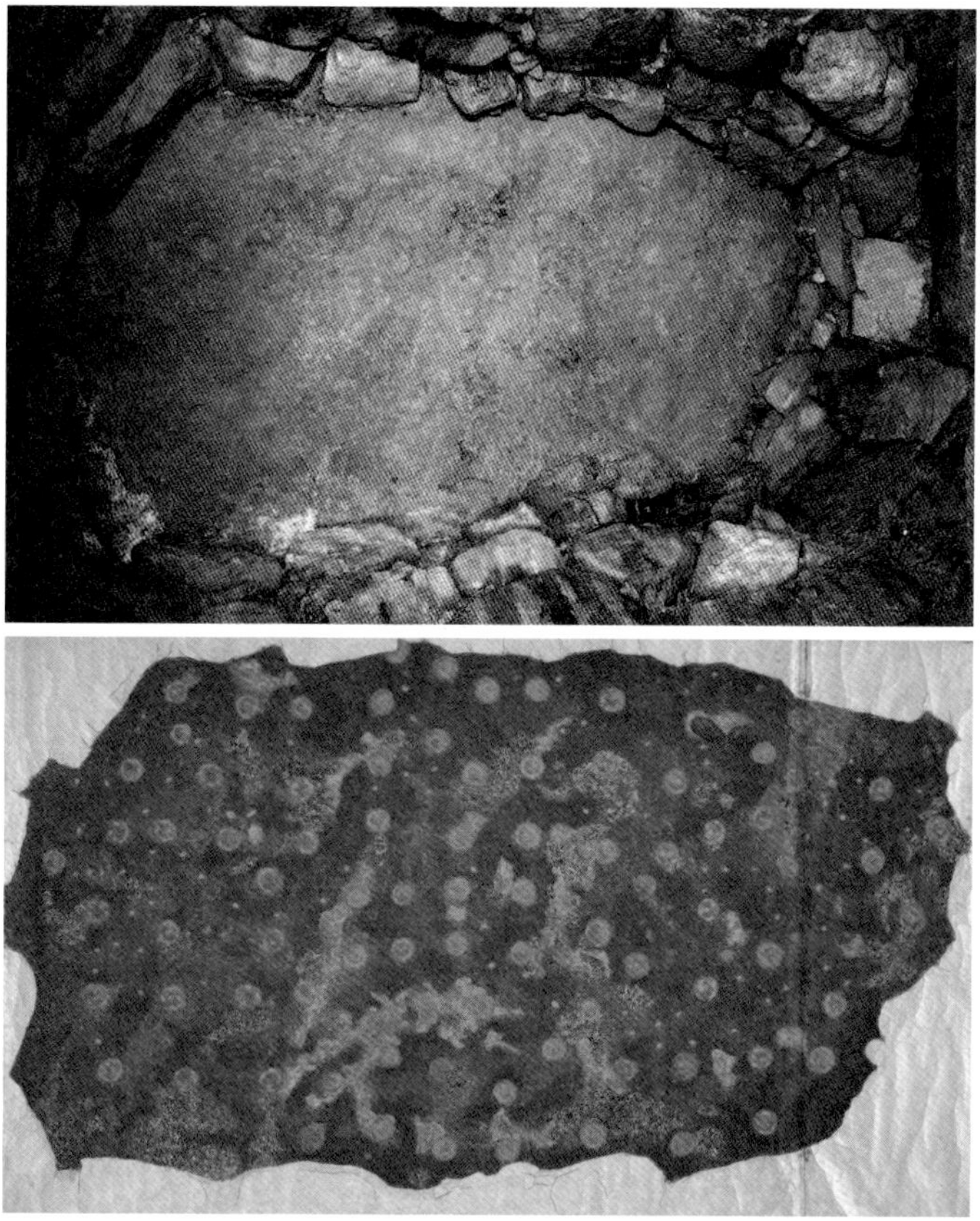

図60 ● 玄室の天井
上：京大調査時の状態（京大報告より）。
下：日下八光さん模写図。

観察した白石《しらいし》太一郎《たいちろう》さんや、長谷川《はせがわ》清之《きよゆき》さん（元桂川町教育委員会）は、今でもわずかな珠文をみとめることはできるがこれほどはっきりとはみえないという。

京大報告に玄室の天井が映る二枚の写真が掲載されている（図22、60上）。白黒写真のため判然としないが、珠文らしい痕跡が点々とみえる。画家の目に敬意を表したい。

日本最古の星宿図

日下さんの天井画模写図には、赤色顔料の上に大小合わせて一九三個の黄色の珠文が写しとられている。玄室上部の珠文とは明らかに異なる配列である。直径五、六センチほどの珠文八九個と五、六ミリ程度の珠文九四個が天井一面に描かれた構図は、まさに星宿図だ。

福岡教育大学で天文学を研究されていた平井《ひらい》正則《まさのり》さんが、この壁画について興味深い研究成果を発表している。平井さんは、王塚の天井画と高句麗壁画古墳の真坡里《チンパリ》四号墳（北朝鮮平壌市南東の郊外）の天井星宿図（赤色顔料上に金泥《こんでい》で描いたものらしい）の珠文位置関係を天文数学手法で同定すると、両者の配列が比較

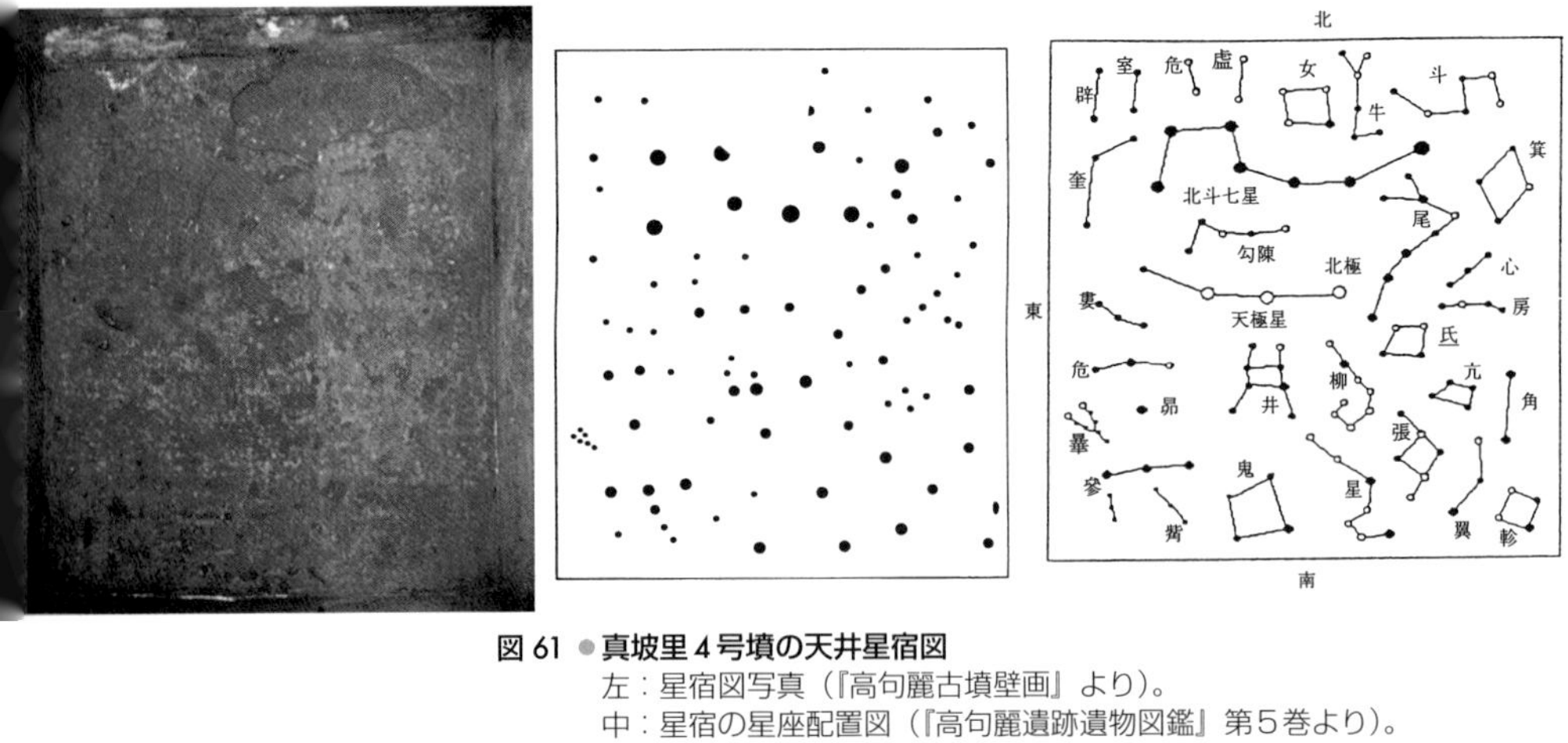

図 61 ● 真坡里 4 号墳の天井星宿図
左：星宿図写真（『高句麗古墳壁画』より）。
中：星宿の星座配置図（『高句麗遺跡遺物図鑑』第５巻より）。
右：星座配置考定図（金井塚訳「高句麗壁画の星座図の考定」より）。

的良く一致するという。難解な分析方法は十分に咀嚼できないが興味深い指摘だ。

高句麗の壁画古墳は現在九十数例が知られ、そのうちの二二例に星宿が描かれているという。高句麗壁画の星宿の描き方はきわめて多様だが、真坡里四号墳の広い天井一面に星宿を描く手法や珠文のおおよその位置関係は王塚の天井画と酷似する。真坡里四号墳は六世紀を前後する時期の築造と推測され、王塚の年代と近い。両者の天井図は類似する粉本をもとに描かれた蓋然性が高い。

もう一つの星宿図

王塚の壁画のなかに、ひとつ興味深い珠文群がある。玄室の右側壁腰石の壁画を説明した際に注意した、靫にまとわるように配された珠文である。

これは星宿二八宿の斗宿のひとつ〝南斗《なんと》六星〟ではないか。南斗六星とは、夏の南の夜空にみえる射手座の中心部に、柄杓を伏せた形に並ぶ六個の星。北の北斗七星に対応し、高句麗壁画の星宿図では北斗七星とともに重視されたという。この珠文群が描かれた玄室右側壁は、石室が南西に開口するため南方位に相当し、南斗六星の配置に則っている。天井星宿図と一連の構

図 62 ● 右側壁の珠文
（日下八光さん復元図より）

想のもとに描かれたとみたい。

　これまで日本でみつかっている古墳壁画の星宿図は、奈良県高松塚古墳とキトラ古墳の二例。いずれも七〜八世紀はじめごろの制作と推定され、伝統的な古墳壁画とは異なった図文で構成される。高松塚は天井に星宿、側壁に四神・日月像と人物像、キトラは天井に星宿と日月像、側壁に四神と獣頭人身像を描く。これらの壁画は宮廷絵師が描いたとする見解が有力だ。

　王塚の星宿図は高松塚やキトラ古墳よりも一五〇年以上さかのぼる。天井画と右側壁の珠文群が星宿図に間違いなければ、日本への星宿図伝来のシナリオの訂正が必要だろう。さらに、高句麗の古墳壁画との関係についても見直しが必要となるだろう。この問題は章をあらためて考えたい。

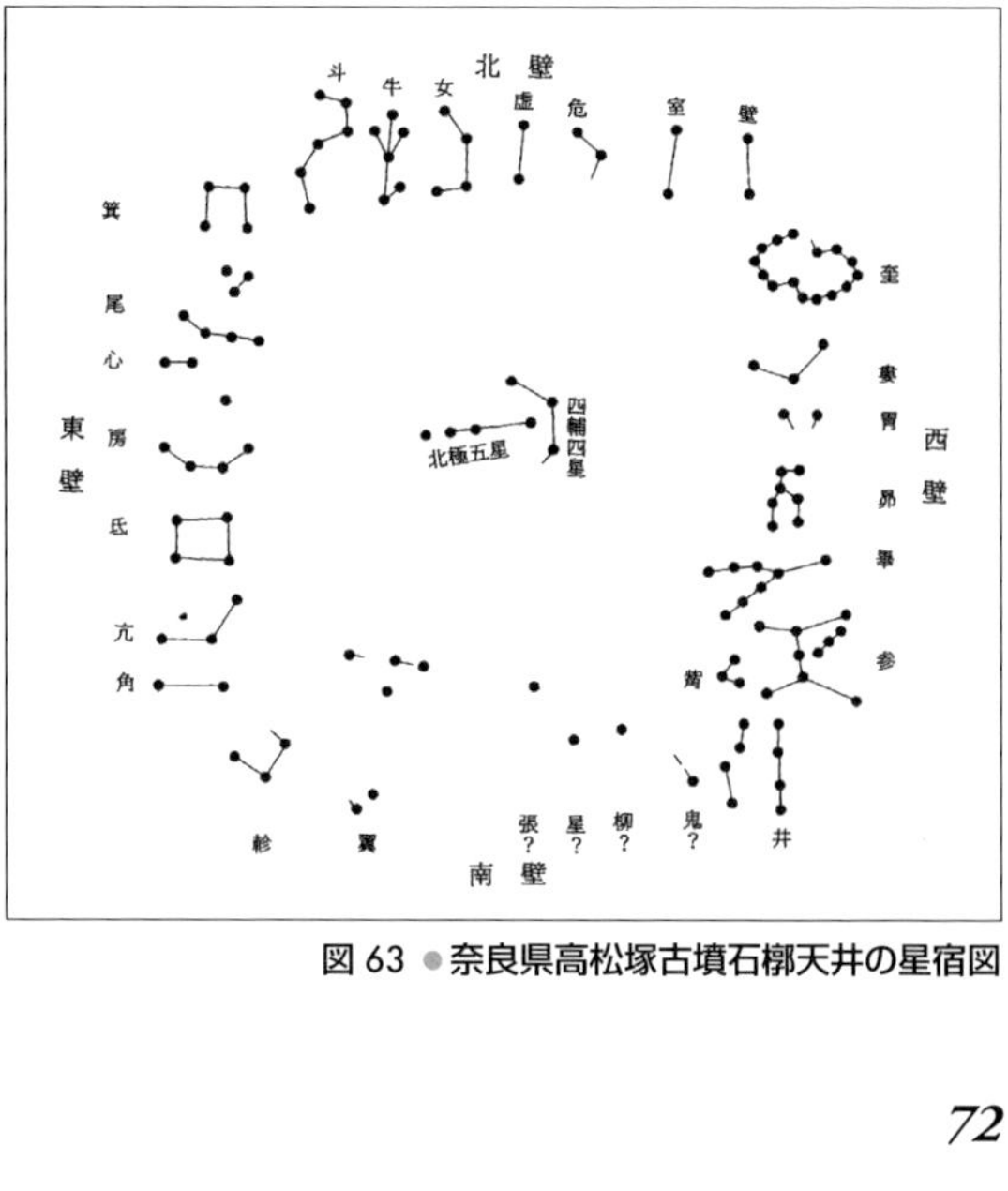

図 63 ●奈良県高松塚古墳石槨天井の星宿図

第5章　王塚の壁画を生み出したもの

1　壁画の制作者

壁画の作者たち

石室全面を埋める壁画をみると、壁画の作者はどのような人物だったのか、作者は一人か複数か、などさまざまな疑問がわいてくる。前述したように、小林さんは靫の、日下さんは玄室前面袖石や灯明台石壁画などの表現のちがいから複数の描き手を推測している。私は別な視点から複数の描き手の存在を想定したい。

それは、王塚の壁画が、肥後北部に顕著な連続三角文と、肥後中南部に発達した盾や靫・大刀などの具象文をひとつの壁画に統合したことにある。さきに私は、王塚の横穴式石室築造がいくつかの地域から参集した造墓集団の共同作業と推測したが、壁画の制作も肥後北部と南部の造墓集団で組織された描き手たちの共同作業だったのである。

これまで、壁画の作者たちを絵師とよんでこなかったが、それは壁画制作を専らとする職能としての絵師はまだ存在しなかったとみるためである。壁画の作者たちは造墓集団のなかで代替可能な人びとであったろう。しかし、王塚の壁画は先行図文をダイナミックに改変し大胆な壁画構成を達成している。さらに高句麗壁画と酷似する星宿図も加え、壁画装飾に大転換をもたらした。卓越した才能をもつディレクター的人物が存在したにちがいない。

壁画の顔料からみえるもの

京大報告は壁画の顔料を赤・黒・緑・黄の四色とみたが、顔料を科学分析した山崎一雄さんはこれに青を加えた五色とし、赤―ベンガラ（酸化鉄）、黒―鉄とマンガン土を含む黒色鉱物、緑―緑色岩粉末（海緑石？）、青―緑色岩粉末（緑泥石？）、黄色―黄色粘土、と推測した。

朽津《くちつ》信明《のぶあき》（東京文化財研究所）さんらによる分光光度計を使った分析成果は、青色についての新たな見解を提出している。緑と青は今でも交通信号で混用されるように、人によって色の受け取り方がちがう。実際、研究者のあいだでも緑色と青色は見解を異にするばあいがある。

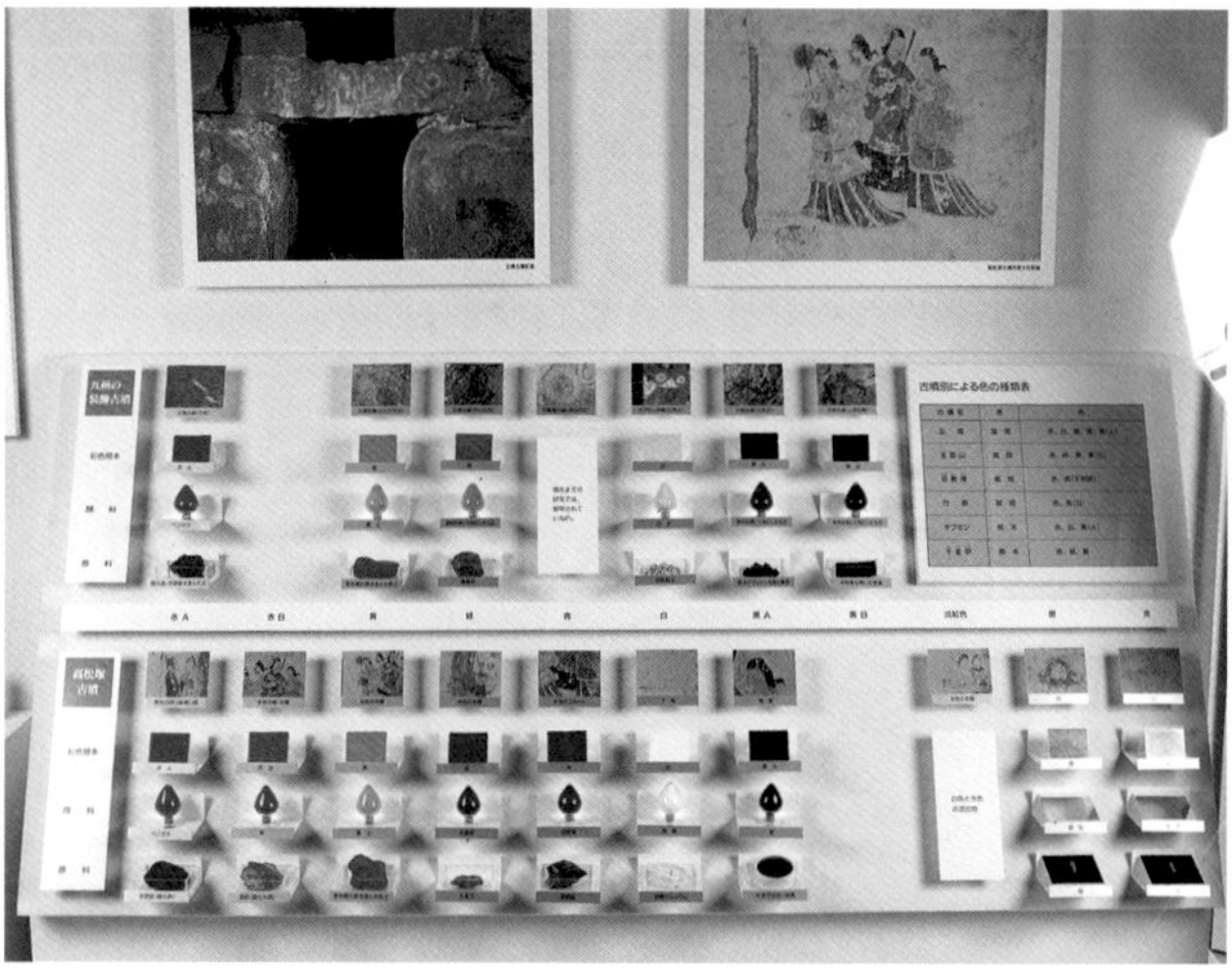

図64 ● 王塚装飾古墳館の壁画顔料のサンプル展示

鉱物組成も、緑と青の素材は多様で地域によって異なる可能性が想定されており、特定の鉱物に限定できないらしい。朽津さんによると、緑・青と呼び分けられた顔料はスペクトルの範囲が異なり、ちがいは明確にあわられるという。従来、青とされてきた顔料は、強いて色名を限定するならば「灰色」だとも指摘している。

顔料の素材研究はなお今後に残された課題だが、朽津さんの研究によって「灰色」顔料の使用が福岡の王塚・日岡、熊本の大坊古墳・釜尾古墳などからはじまることが明らかにされた点は重要だ。「灰色」顔料は、つぎにのべる図文の連鎖と密接に関連している。

双脚輪状文・蕨手文の連鎖

双脚輪状文と複合蕨手文は類例が少ない図文で、いくつかの壁画間に密接な連鎖がある。

前者の双脚輪状文は、王塚のほかに福岡県弘化谷《こうかだに》、熊本県釜尾・横山、佐賀県田代大田《たしろおおた》の四例がある。双脚輪状部の表現に多少のちがいがあり、王塚と釜尾、弘化谷と横山、田代大田の表現が類似する。築造時

大谷山22号（埴輪）

王塚古墳

釜尾古墳

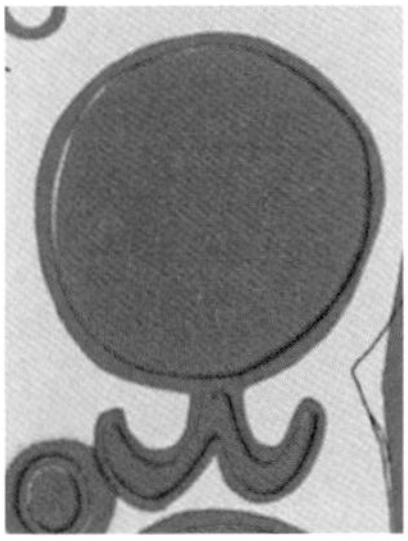
弘化谷古墳

田代大田古墳

横山古墳

図65 ● 双脚輪状文の連鎖

期が新しい横山を除くと、いずれも王塚と近い六世紀前葉〜中葉の古墳だ。この図文は王塚の壁画制作にあたって創出された可能性が高い。図文のモデルは同形の形象埴輪であろう。九州の石棚構造に影響を与えた和歌山県大谷山二二号墳に、双脚輪状文形埴輪がともなうのは偶然にすぎるだろうか（図65）。

もうひとつの複合蕨手文も圧倒的少数派だ。内向する複合蕨手文Bは王塚のみ、外向するAは王塚と日岡、それに福岡県珍敷塚古墳にしかない。やや変形した蕨手文を加えても、福岡県塚花塚《つかはなづか》や五郎山、竹原などをあげうる程度である。

天井画の連鎖

王塚とともに双脚輪状文・複合蕨手文Aを描くのは日岡古墳の壁画である。玄室上部が破壊されているため全容は明らかでないが、壁全面

図66 ● 日岡古墳玄室の図文
玄室奥寄りから羨道をみる。羨道天井部の壁画に注目。

に図文が描かれたと推測される。図文間を埋める地文は描かれないが、壁面全面を図文で埋める構想は王塚に類似する。また、半分程度が残る石棚の下面と、羨道の天井部にも連続三角文が描かれている。玄室内に落ち込んでいる天井石の内面は確かめられていないが、壁画が描かれている可能性もある。

羨道天井部の壁画は釜尾古墳にもある。玄門冠石と羨道天井石の下面に、連続三角文と色を重ねた複合三角文を連接して描いている。構成に多少のちがいがあるが、日岡の石棚下面や羨道天井画と類似する。また玄室壁面は、床面から一・五メートルまでを赤く、その上部を白く塗り分けるのは他に例のない手法である。釜尾も玄室上部が破壊され天井石が所在不明だが、日岡と同様に天井画が描かれていた可能性がある。

王塚にみられる双脚輪状文と複合蕨手文Aの図文は、こうした六世紀前葉の代表的な壁画とつながり、さらに天井画とも密接に関連する意味はおおきい。

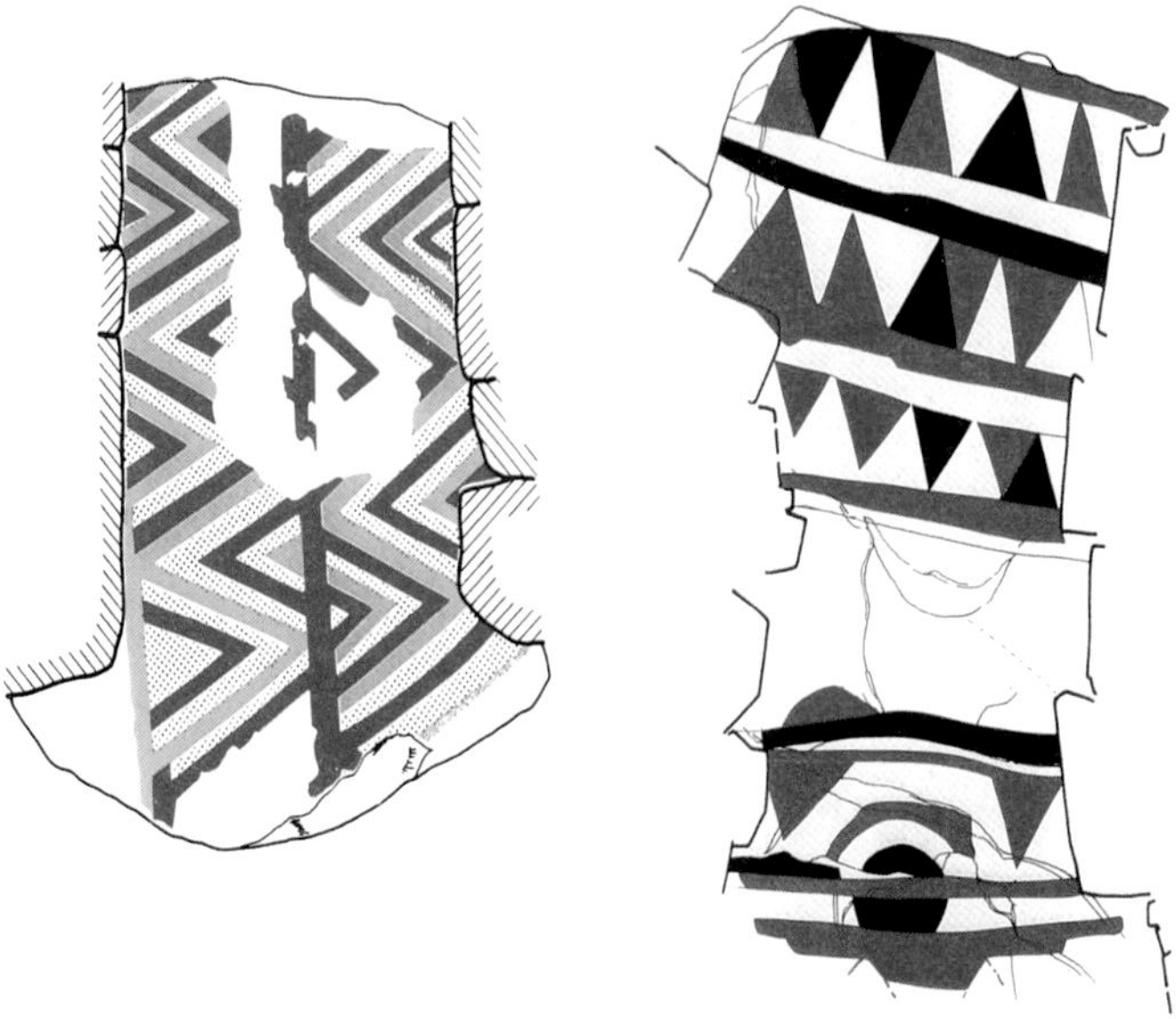

図67 ● 羨道天井画の連鎖
左：釜尾古墳、右：日岡古墳。

2　筑紫君磐井と東アジア情勢

壁画制作のネットワークと筑紫君磐井

六世紀前葉の双脚輪状文の王塚―釜尾、複合蕨手文Aの王塚―日岡、天井画の王塚―日岡―釜尾にみられる図文連鎖は、壁画作者間のネットワーク、言い換えれば壁画作者を含む造墓集団、さらに集団を統括する首長層のつながりを想定させる。

現状資料によるかぎり、王塚の壁画はこうした図文連鎖の結節環に位置する。さきに王塚の壁画制作システムについて述べたが、これら連鎖する壁画の作者たちは王塚の壁画制作に参画したか、密接な交流関係にあったと思われる。

このような多地域の造墓集団を組織した王塚古墳の築造は、ひとり王塚の被葬者の実力だけで実現したと思えない。おそらく王塚の築造は、九州中北部の有力首長たちの政治的結集＝首長連合あげての造墓プロジェクトのひとつではなかったか。その段階の大首長は、筑後を拠点とした九州の雄・筑紫君《ちくしのきみ》磐井《いわい》である。磐井は『日本書紀』が記す「磐

図68 ● 福岡県八女市の岩戸山古墳
中央下寄りの前方後円墳。

井の乱」（五二七〜八年、この年代には異論もある）を引き起こした人物である。

八女市に所在する墳長一三八メートルの岩戸山古墳は、磐井墓の可能性が濃厚な六世紀前葉の前方後円墳である（図68）。同時期の古墳では大王墳の大阪府の今城塚《いましろづか》古墳（継体大王墓か・一九〇メートル）、愛知県の断夫山《だんぷさん》古墳（一五〇メートル）、群馬県の七輿山《ななこしやま》古墳（一四〇メートル）に次ぐ規模で、九州最大をほこる。岩戸山から採集された膨大な数の石製品は、その被葬者が首長連合の頂点にあることをしめしている。岩戸山の埋葬施設は明らかでないが、想像を絶する壁画が描かれた墓室の可能性がたかい。

高句麗壁画からの影響

すでに多くの研究者が指摘するように、竹原古墳の壁画にみられる朱雀《すざく》・玄武《げんぶ》の四神図や、空馬をひく構図は高句麗壁画の影響が顕著である。五郎山の舟の周辺に散るように描かれた珠文も星宿図との関連が想定される。もちろん、珍敷塚古墳の蟾《せん》蜍《じょ》（ひきがえる）や日・月像に通じる図文構成なども同様だ。これらのなかでも、竹原の壁画はモチーフや絵のタッチに高句麗壁画の色彩がつよく、渡来系絵師が関与した可能性がある（図13）。それでは王塚の星宿図はどうか。

図69 ● 珍敷塚古墳の図文
壁画左寄りに日像と舟、右寄りに蟾蜍が描かれる。

星宿図の源流は古代中国にある。早く戦国時代の器物にあらわされ、横穴系墓室が広まる前漢後半以後、墓室天井に描かれた。中国の影響下に成立した高句麗壁画にもしばしば天井画に描かれた。王塚の天井星宿図と右側壁腰石上部の南斗六星は、とくに高句麗壁画とのつながりが深い。

さきに私は、王塚の玄門前面袖石に描かれた騎馬群像を葬列を迎える構図とし、高句麗壁画からの影響を想定した。これに加えて、墓室全体を図文で埋める構想や星宿図の存在を考えあわせると、粉本の招来を含めて高句麗系絵師の関与を推測せざるを得ない。

しかし、王塚の壁画は伝統的な各種の辟邪の図文をベースに構成されている。陰陽思想や神仙思想などでいろどられた高句麗系壁画の意味をどれほど理解して星宿図を選択したのか、別に考究されねばならない課題である。

ところで、この時期に高句麗と倭の諸勢力が積極的に交渉した記録は残されていない。しかし、筑紫君磐井に主導された九州中北部勢力は、広域の外交チャンネルをもって活動した痕跡

図70 ● 高句麗壁画の騎馬像
安岳3号墳の壁画部分(『高句麗古墳壁画』より)。

をのこしている。朝鮮半島南西部の全羅道《チョルラド》一帯に分布する一三基の前方後円墳や九州系横穴式石室の存在だ。とりわけ、王塚式の横穴式石室が全羅南道《チョルラナムド》の前方後円墳や大型方墳に採用されている事実は重い。

五世紀後葉から六世紀前葉にかけて、朝鮮半島南西部の旧馬《マ》韓《ハン》南端域をめぐり東アジア情勢は切迫していた。倭王権の一員として当地との接触を深めた九州中北部の諸勢力は、旧馬韓地域や百済の諸勢力を介して高句麗とも交渉のチャンネルをもった可能性も視野に含めておくべきだろう。そのように推測しなければ、王塚をはじめとする高句麗系図文の導入背景を説明することができない。ひとつの仮説として提示しておきたい。

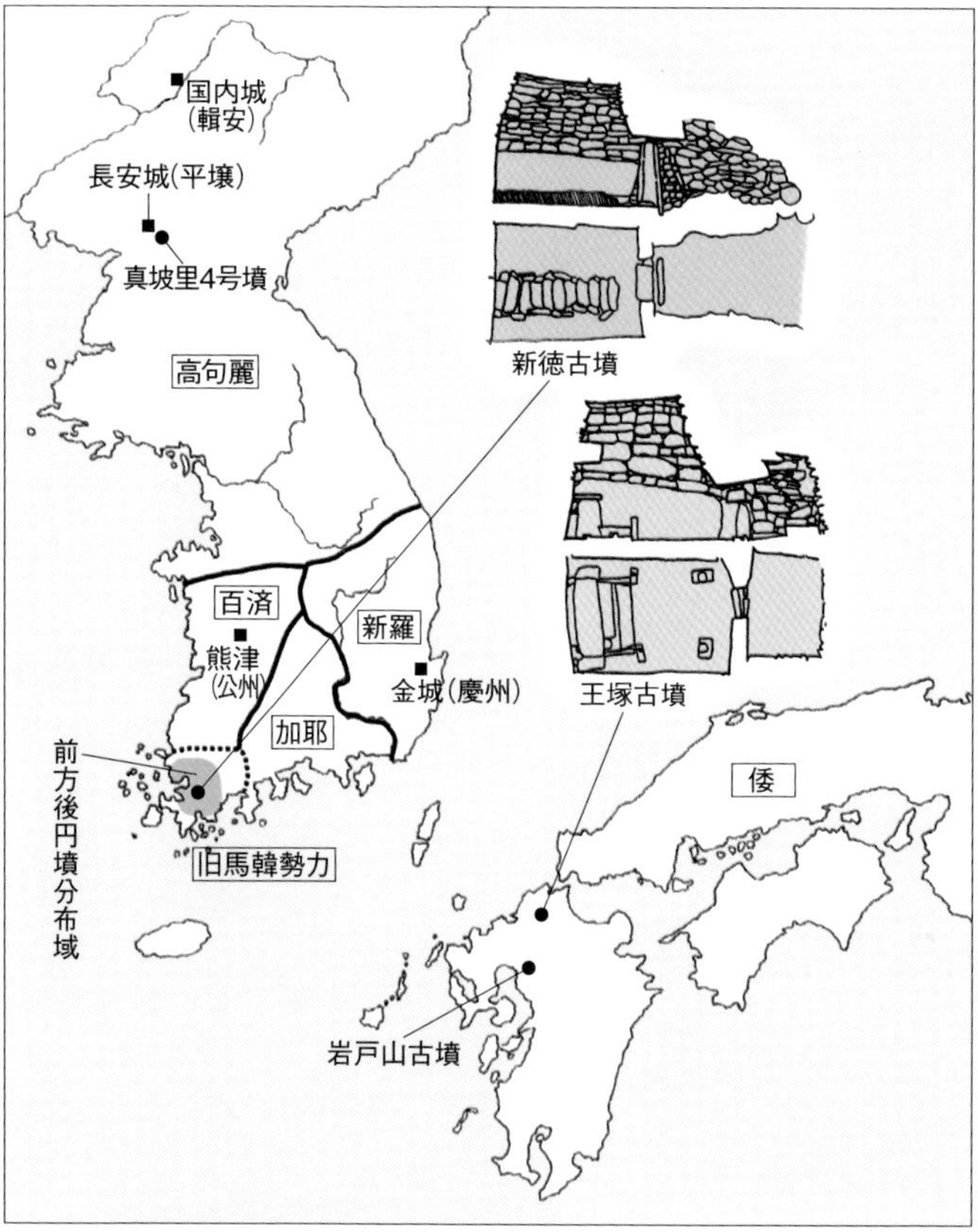

図71 ● 6世紀前葉の朝鮮半島勢力分布と倭
王塚と新徳の横穴式石室の類似に注意。

第6章　壁画保存への苦難の歩み

装飾古墳保存の原点

王塚古墳の壁画は、鉱害復旧にともなう土取り工事中に偶然に発見された。横穴式石室に描かれた貴重な壁画も、装飾古墳一般がそうであるように、外気にふれたときから退色とのたたかいだった。

ようやく発見からほぼ六〇年を経た一九九〇年（平成二）に石室の保存施設が完成し、記念事業として二三年ぶりに壁画が公開された。七日間の特別公開には五〇〇〇名もの見学者が訪れ、古墳の前には長蛇の列ができた。壁画は観察用ガラス窓から垣間みえる程度だが、見学者から歓声が絶えなかったという。現在は、年に二回の限定だが壁画が公開されるようになった。翌九一年には古墳に隣接して「王塚装飾古墳館」（コダイム王塚）が開館し、石室レプリカの見学とともに、装飾古墳についての学習が深められるようになったことはうれしい。

この間の王塚の壁画は、石室内への漏水、白カビの発生、加えて石室崩壊の危機など苦難の歴史をたどったが、古墳を支え将来に残すために多くの方々の努力が続けられてきた。

発見後まもなく総合的な調査を実施した京都大学の報告書や、日下画伯による壁画模写は、王塚古墳の学問的な位置づけと壁画理解の上でかけがえのない貴重な資料となった。前者は足かけ三年、後者は四年（延べ日数ほぼ一年）にわたる魂のこもった作業成果だ。こうした基礎資料作成の努力と地元の方々の保存にかけた熱意が、発見から六〇年の歳月を経て保存施設と資料館として実を結んだ。王塚古墳の壁画発見から現在にいたる歩みは、わが国の装飾古墳保存をとりまく文化財保護行政の縮図といってよいだろう。

王塚古墳の墓守り

王塚装飾古墳館の展示の一角に、「古墳とともに生きた半生」として、西村《にしむら》二馬《かずま》さんを紹介したパネルがある。

西村さんは一九〇一年（明治三四）、熊本県生まれ。一九二五年（大正一四）に桂川村に移り、王塚の近くで坑内馬用の蹄鉄を作って生計を立てていたという。古墳発見当時、若手の村会議員だった。西村さんと親交があった玉利さんはつぎのように記している。

「（一九六八年当時）いまや王塚古墳は墳丘をビニールシートにおおわれた

図72 ● 石室の保存・観察施設の模型
王塚装飾古墳館。

まま瀕死の床にある。この古墳が発見いらい半世紀にわたって命脈を保つことができたのは、特別史跡に指定しながら何一つ保護の手を加えようとしない国に代わって、手厚くいたわり続けたひとりの〝墓守り〟がいたからである。（中略）西村氏は、壁画古墳発見の知らせを受けてかけつけ（中略）そして遠い時代の穂波びとが遺した豪華な石室に接して大きな衝撃を受けた。このとき、同氏は、この祖先の遺産を守り抜くことを心に決めたのである。（中略）王塚古墳にとって最大の危機は戦後の石炭ブームだった。古墳の下まで掘り進めようとする業者は（中略）反対運動の先頭に立つ西村二馬氏をおどしにかかった。（中略）だが、西村氏は屈しなかった。

次には石室のひび割れが始まった。夜中に雨が降り出すと、西村氏は床を抜けて見回りに飛び出した。そのころ、古墳を訪ねるたびに、墳丘に登って作業中の西村氏を見た。私費を投じて修理を続けているのだった。」（『装飾古墳紀行』）。

その後、病に伏した西村さんは故郷の熊本県に帰り、一九八八年（昭和六三）に八七歳で亡くなられた。

図 73 ● 西村二馬さん
王塚古墳の前で子どもたちと。

行政当局の取り組み

史跡に指定した国当局、管理団体の桂川町、その指導にあたる福岡県も、王塚の危機に手をこまねいていたわけではなかった。だが、敗戦という未曽有の難事のもとで疲弊しきった日本には、文化財保護の理念と現実との溝はあまりにも大きかった。この間、壁画は外気にさらされ、漏水による汚染とカビの発生を余儀なくされた。壁画の保存方法が未確立だったことも保護対策の遅れをまねいたといわざるを得ない。

文化庁が装飾古墳の科学的な保存策を検討しはじめたのは、一九六九年（昭和四四）のことである。「装飾古墳保存対策研究会」（会長・佐藤敬二さん）に保存対策の研究を委託した。研究会には考古学・化学・地質学・微生物学・建築学・土木工学・気象学などの研究者が参加し、王塚古墳を中心に装飾古墳の調査が三カ年にわたっておこなわれた。その結果、保存に関する貴重な基礎資料が得られたが、結論は「現段階では、彩色壁画保存の先決問題は石室を密閉して、内部を築造当時の安定した状態に戻すことの一語に尽きた」（『装飾古墳紀行』）という。

この調査が終わった一九七二年（昭和四七）、奈良県高松塚古墳の壁画が発見され、マスコミに大きく報道された。文化庁はた

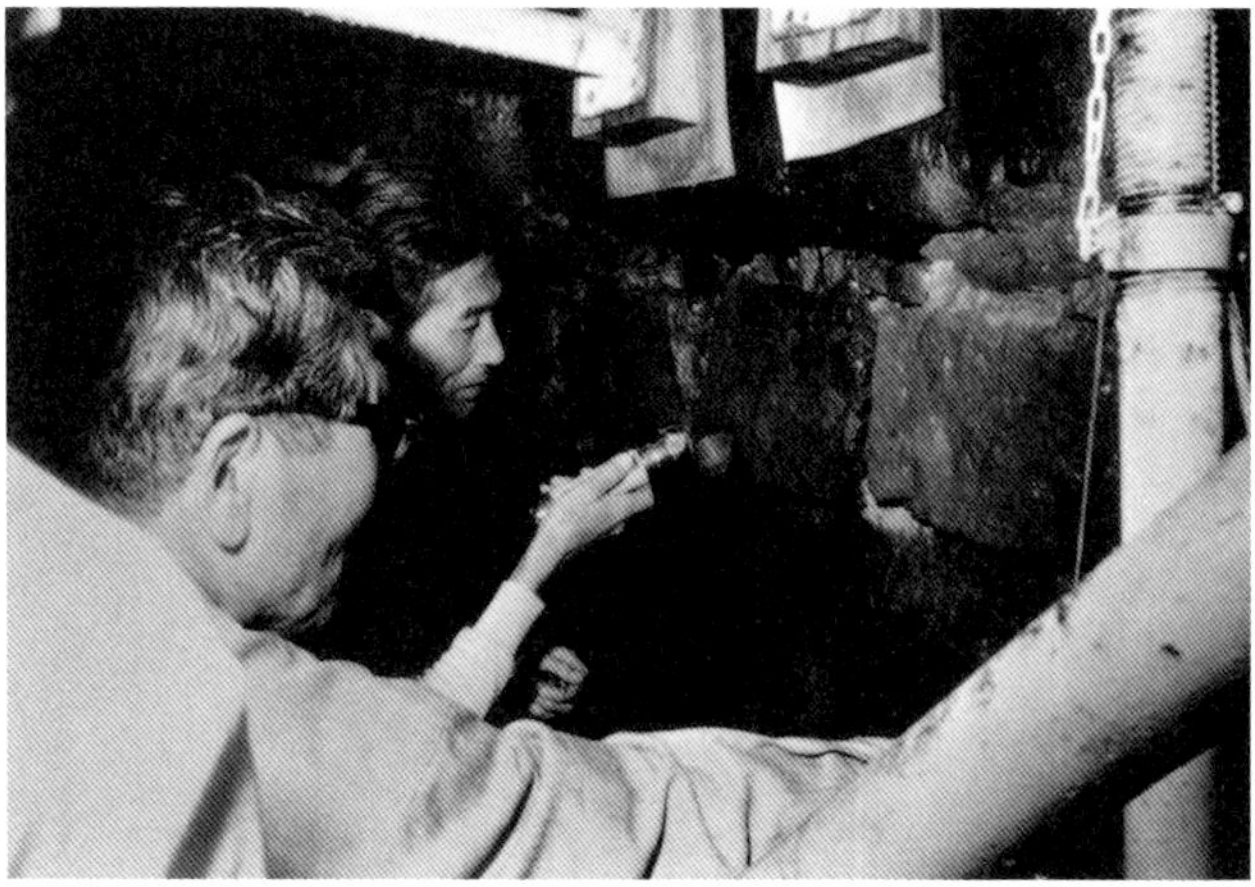

図74 ● 装飾古墳保存対策研究会の現地調査
1972年。

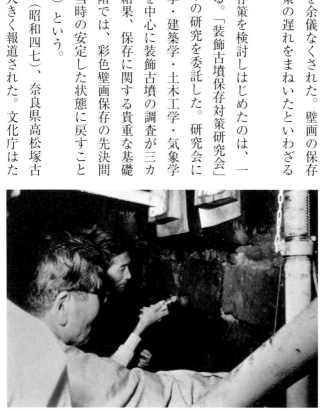

だちに対応し、大規模な保存対策組織が設けられ、一九七四年には保存施設がつくられた。これにはさきの研究会の研究成果が大きな役割を果たしたという。しかし先端技術を駆使した高松塚の保存施設でさえ、二〇〇三年（平成一五）に壁画にカビが発生した。あらためて壁画保存の難しさを感じさせる出来事であった。

「装飾古墳を守る会」の発足

一九七三年（昭和四八）、九州の装飾古墳の惨状を憂いた人びとが「装飾古墳を守る会」（会長・鏡山猛さん）を発足させた。前年に発見された高松塚古墳ではつぎつぎと具体的な保存対策が講じられているのに対して、放置されたままの装飾古墳の荒廃に心を痛めていた多くの市民が怒りをもって立ち上がったのである。

「装飾古墳を守る会」は福岡県下三〇カ所の装飾古墳の実態調査をおこない、翌一九七四年（昭和四九）一二月に克明な観察報告と対策の要点などを収めた『装飾古墳白書—福岡県下における保存の現状』を刊行した。その当時、石室や横穴墓の入口を施錠管理した古墳は良いほうで、いずれも外気にさらされ、発見当初からすると退色が著しいものばかりで、心ない見学者による追刻などの悪戯すらみられるものもあった。このまま放置されれば、やがて装飾図文は消滅するだろうと思われるものが大半だった。

図 75 ●装飾古墳の現状と対策の要点をまとめた『装飾古墳白書』
1974年12月。

「守る会」は国や県に対して装飾古墳の危機を訴え、早急な保存対策を求めた。一九七五年（昭和五〇）九月、文化庁ははじめて装飾古墳の取り扱い文書を関係自治体に通知した。それは、装飾古墳を古墳時代の「葬送儀礼・宗教的思考・美的水準などをしめす貴重な文化財」と位置づけ、「将来に確実に伝えられるよう、早急に保存措置を計る必要がある」として、具体的な施設・保存措置・公開方法・管理体制の指針をしめす画期的な内容だった。さらに、未指定の装飾古墳についても積極的な指定促進や、装飾古墳の資料整備などの方針もつけ加えられ、「守る会」の主張にほぼ沿うものであった。

王塚古墳の保存整備事業

文化庁のこうした方針にもかかわらず、膨大な予算が必要な王塚の整備事業がすぐにはじまることはなかった。一九八〇（昭和五五）年、地元有志や考古学に関心の深い人たちが「王塚古墳保存会」を結成し、文化庁・福岡県に積極的に保存事業の開始を訴えた。

ようやく一九八二年（昭和五七）に王塚古墳の保存修理予算が措置された。その年の九月に「王塚古墳保存整備調査委員会」が発足し、具体的な保存方法・保護施設内容について調査・研究がはじまった。初代委員長は、半世紀前に王塚の石室と壁画の精密な実測図・模写図

図76 ● 桂川町による整備事業にともなう発掘調査

の作成に携わった小林行雄さんだった。発見後まもなく、壁画を克明に追った小林さんが満身創痍の王塚の壁画をみたとき、その胸に去来したものはいかばかりであったか。残念ながら、小林さんは整備の完成をみることなく一九八七年（昭和六二）に亡くなられた。

この年、以後一二年間にわたる長い保存整備事業がスタートし、一九九三年（平成五）にすべての整備が終了した。事業主体は桂川町、「王塚古墳保存整備調査委員会」の指導のもとに、文化庁・福岡県教育委員会の助言・指導を受けながらの作業であった。

保存整備事業の内容や、整備のための発掘調査の記録は、事業終了の翌年に刊行された『国指定特別史跡王塚古墳―発掘調査及び保存整備報告―』（桂川町教育委員会）にくわしい。発見後半世紀以上を経た石室・壁画の損傷は事業開始前の予想をはるかに超え、しばしば設計変更をともなう難工事だった。この間、一貫して整備事業に携わった長谷川清之さんは、「王塚古墳は装飾古墳の保存に関する問題点がすべて凝縮されており、保存整備にあたっては次々と問題点が噴出

図 77 ● 王塚古墳の現状
壁画見学用通路の入口。

した。この整備の成果は、今後全国に多く所在する未整備の装飾古墳の保存策を考えるうえで貴重な基礎資料となるでしょう」と語ってくれた。

これからの王塚古墳

土取り工事中の偶然の発見から六〇年、苦難の歴史を耐えて王塚の壁画はよみがえった。

いま、筑豊の各自治体は整備された文化財の活用にむけて新たな試みをはじめている。毎年二回（春と秋）の王塚の壁画公開に合わせて、近接する飯塚市川島古墳群・小正西《おばさにし》古墳、宮若市竹原古墳など整備された史跡の同時公開をおこなうものである。史跡公園の公開ネットワーク化だ。こうした絶好の機会に、地域の人びとはもちろん、遠方からもたくさんの見学者が訪れるという。文化遺産を広く公開するとり組みとして注目したい。

二一世紀に生きる王塚の新たな歴史がはじまったのである。壁画公開日に合わせて、講演会やシンポジウムなどの学術的なとり組みや、豊かな自然環境を生かしたいろいろなイベントを組み合わせて、住民に親しまれる工夫を加えるのも一つのアイディアだろう。地域の人びとが、将来にわたって誇りうる文化遺産であり続けてほしいものである。

図 78 ● 筑豊の装飾古墳同時公開パンフレット
2004年春。

参考文献（五〇音順）

伊藤清司『死者の棲む楽園―古代中国の死生観―』　角川書店　一九九八
江本義理「壁画の老化に関する調査研究」『特別史跡王塚古墳の保存』　福岡県教育委員会　一九七五
王塚装飾古墳館『王塚古墳のはなし』増補改訂版　二〇〇三
岡本健一「蓬莱山への憧憬―前方後円墳のシンボリズム―」『長岡京古文化論叢Ⅱ』　一九九二
岡本健一「装飾古墳と神仙思想」『東アジアの古代文化』一一六号　二〇〇三
小田富士雄「装飾古墳にみる大陸系画題」『古文化談叢』第四〇集　一九九八
乙益重隆編『装飾古墳と文様』（古代史発掘八）　講談社　一九七八
京都帝国大学文学部考古学研究室『筑前国嘉穂郡王塚装飾古墳』　一九四〇
金一権「高句麗壁画の星座図の考定」『白山学報』第四七号　ソウル（金井塚良一訳「高句麗壁画の星座図の考定」『研究紀要』第三号　山武考古学研究所　一九九八）
金一権「高句麗古墳壁画の天文観念体系の研究」『震檀学報』第八二号　ソウル
日下八光『装飾古墳』　朝日新聞社　一九六七
朽津信明「装飾古墳の顔料について―特に緑と青の問題を中心として―」『装飾古墳の展開』（第五一回埋蔵文化財研修集会発表要旨集）　二〇〇二
桂川町教育委員会『特別史跡王塚古墳保存の歴史と計画―保存管理計画策定報告書―』　一九七六
桂川町教育委員会『王塚古墳―発掘調査及び保存整備報告―』　一九九四
車崎正彦「古墳と埴輪」『市立市川考古博物館館報』第三〇号　二〇〇三
神野志隆光『古事記―天皇の世界の物語―』　日本放送出版協会　一九九五
国立歴史民俗博物館編『装飾古墳の世界　図録』　朝日新聞社　一九九三
国立歴史民俗博物館編『装飾古墳が語るもの』　吉川弘文館　一九九五
小林行雄編『装飾古墳』　平凡社　一九六五
西郷信綱『古代人と死』　平凡社　一九九九
斎藤忠『日本装飾古墳の研究』　講談社　一九七三
斎藤忠『装飾古墳・図文からみた日本と大陸文化』　日本書籍新社　一九八三

佐原真「古墳時代の絵の文法」『国立歴史民俗博物館研究報告』第八〇集　一九九九
佐原真・春成秀爾『原始絵画』（歴史発掘五）　講談社　一九九七
白石太一郎「装飾古墳にみる他界観」『国立歴史民俗博物館研究報告』第八〇集　一九九九
白石太一郎『古墳の語る古代史』　岩波書店　二〇〇〇
菅谷文則「横穴式石室の内部」『古代学研究』五九　一九七一
辰巳和弘『埴輪と絵画の古代学』　白水社　一九九二
辰巳和弘『「黄泉の国」の考古学』　講談社　一九九六
辰巳和弘『古墳の思想―象徴のアルケオロジー―』　白水社　二〇〇二
玉利勲『装飾古墳紀行』　新潮社　一九八四
都出比呂志「古墳が造られた時代」『古墳時代の王と民衆』（古代史復元六）　講談社　一九八九
坪井清足・町田章編『壁画　石造物』（日本原始美術大系六）　講談社　一九七七
寺沢薫『王権誕生』（日本の歴史二）　講談社　二〇〇〇
春成秀爾「埴輪の絵」『国立歴史民俗博物館研究報告』第八〇集　一九九九
平井正則「古墳天井画の数値的同定」『福岡教育大学紀要』第五二号第三分冊　二〇〇三
広瀬和雄『日本考古学の通説を疑う』　洋泉社　二〇〇三
黄暁芬『古代中国葬制の伝統と変革』　勉誠社　二〇〇二
福岡県『筑前王塚古墳』（福岡県史蹟名勝天然記念物調査報告書　第一一輯）　一九三五
藤井功・石山勲『装飾古墳』（日本の原始美術一〇）　講談社　一九七九
堀一郎「万葉集にあらわれた葬制と、他界観、霊魂観について」『宗教・習俗の生活規制』　未来社　一九六三
町田章『古代東アジアの装飾墓』　同朋舎　一九八七
森貞次郎『九州の古代文化』　六興出版　一九八三
森貞次郎『装飾古墳』　教育社　一九八五
柳沢一男「全南地方の栄山江型横穴式石室の系譜と前方後円墳」『朝鮮学報』一七九　二〇〇一
柳沢一男「書評『装飾古墳の諸問題』」『考古学研究』第四八巻第二号　二〇〇一
山崎一雄「装飾古墳の顔料の化学的研究」『古文化財の科学』二　一九五一

写真提供

王塚装飾古墳館—図1・3・4・7・11・17・27・28・38・57・64・72・73・74・76、国土交通省遠賀川河川事務所—図8、飯塚市歴史資料館—図10・12・40、九州歴史資料館—図13・44・66・68・69、熊本県立装飾古墳館—図24・33・34右、羽曳野市教育委員会—図29右、東京国立博物館—図32上、35、49、八女市岩戸山歴史文化交流館—図36、松阪市教育委員会—図37、群馬県立歴史博物館—図51、国立歴史民俗博物館—図42、島根県教育委員会—図50

＊日下八光さん作成の壁画模写図・復元図は、日下家の許可を得て国立歴史民俗博物館より写真提供を受けた—図41・43・45・46・52・53・54・55・56・59・60下・62・65の一部

図・写真の出典（一部改変分を含む）

『筑前国嘉穂郡王塚装飾古墳』（京都帝国大学文学部考古学研究報告第一五冊）—図5・6・15・16・19・22・26・29左・30・60上、『王塚古墳—発掘調査及び保存整備報告書—』（桂川町教育委員会）—図20、『岩橋千塚古墳群』（和歌山市教育委員会）—図23・65の大谷山22号墳埴輪、『景山里古墳群』（韓国慶尚大学校博物館）—図25、『装飾古墳の世界　図録』（国立歴史民俗博物館編、朝日新聞社）—図31・47、梅原末治「備前和気郡鶴山丸山古墳」『日本古代文化研究所報告』第九—図32下、『塚坊主古墳』（熊本県教育委員会）—図48、『高句麗古墳壁画』（朝鮮画報社）—図61左・70、『朝鮮遺跡遺物図鑑』第5巻（朝鮮遺跡遺物図鑑編纂委員会編）—図61中、金井塚良一訳「高句麗壁画の星座図の考定」『研究紀要』第三号（山武考古学研究所）—図61右、『東アジアの装飾古墳を語る』季刊考古学別冊一三（雄山閣）—図63、『若宮古墳群』I（福岡県吉井町教育委員会）—図67右、『熊本県装飾古墳総合調査報告書』（熊本県教育委員会）—図67左、

※その他の写真・図は、柳沢・新泉社編集部が撮影・作成

協力

国立歴史民俗博物館、東京国立博物館、岡山県立吉備路郷土館、王塚装飾古墳館、長谷川清之、白石太一郎、杉山晋作

王塚装飾古墳館

王塚装飾古墳館（コダイム王塚）

・福岡県嘉穂郡桂川町大字寿命３７６
・電話：０９４８（６５）２９００
・開館時間：９時～16時30分
・休館日：月曜（祝日の場合は翌日）、年末年始（12月29日～１月３日）
・入館料：大人＝３３０円、中高生＝１６０円、小学生＝１１０円
・交通手段：九州自動車道八幡IC・大分自動車道筑後小郡ICより約45分
・JR福北ゆたか線で博多より快速列車利用で桂川駅まで約30分、桂川駅より徒歩約10分

１９９４年に特別史跡「王塚古墳」に隣接して開館した。古墳本体は、保存のために常時公開していないため、通常訪れた際にはここを見学するとよい。王塚装飾古墳館は、おもに王塚古墳および装飾古墳に関する資料収集と普及活動をおこなっており、館内の展示は、王塚古墳と全国の装飾古墳をテーマとしている。

王塚古墳コーナーの中心となるのは、実物大の復元模型。発見当時のあざやかに彩られた壁画を復元している。このほか副葬品のなかでも代表的な馬具類の現状・復元模型や「王塚古墳が造られた時代」・「北部九州の古墳分布」・「保存の歴史」・「ビデオ解説コーナー」等、王塚古墳に関するあらゆる情報を展示している。

装飾古墳のコーナーでは、朝鮮半島の江西大墓をはじめとして精密につくられた全国の主要な装飾古墳９基の１／５模型は人気がある。また顔料コーナーでは、高松塚古墳や王塚古墳をはじめとする顔料や原料、彩色サンプルをわかりやすく展示している。

展示室

特別史跡「王塚古墳」

・公開日：春（４月に２日）・秋（10月に２日）の２回のみ
・見学料：無料（ボランティアガイドによる説明あり）
・問い合せ先：王塚装飾古墳館

遺跡には感動がある

――シリーズ「遺跡を学ぶ」刊行にあたって――

「遺跡には感動がある」。これが本企画のキーワードです。

あらためていうまでもなく、専門の研究者にとっては遺跡の発掘こそ考古学の基礎をなす基本的な手段です。また、はじめて考古学を学ぶ若い学生や一般の人びとにとって「遺跡は教室」です。

日本考古学では、もうかなり長期間にわたって、発掘・発見ブームが続いています。そして、毎年厖大な数の発掘調査報告書が、主として開発のための事前発掘を担当する埋蔵文化財行政機関や地方自治体などによって刊行されています。そこには専門研究者でさえ完全には把握できないほどの情報や記録が満ちあふれています。しかし、その遺跡の発掘によってどんな学問的成果が得られたのか、その遺跡やそこから出た文化財が古い時代の歴史を知るためにいかなる意義をもつのかなどといった点を、莫大な記述・記録の中から読みとることははなはだ困難です。ましてや、考古学に関心をもつ一般の社会人にとっては、刊行部数が少なく、数があっても高価なその報告書を手にすることすら、ほとんど困難といってよい状況です。

いま日本考古学は過多ともいえる資料と情報量の中で、考古学とはどんな学問か、また遺跡の発掘から何を求め、何を明らかにすべきかといった「哲学」と「指針」が必要な時期にいたっていると認識します。

本企画は「遺跡には感動がある」をキーワードとして、発掘の原点から考古学の本質を問い続ける試みとして、日本考古学が存続する限り、永く継続すべき企画と決意しています。いまや、考古学にすべての人びとの感動を引きつけることが、日本考古学の存立基盤を固めるために、欠かせない努力目標の一つです。必ずや研究者のみならず、多くの市民の共感をいただけるものと信じて疑いません。

二〇〇四年一月

戸沢　充則

著者紹介

柳沢 一男（やなぎさわ・かずお）

1947年群馬県生まれ。
國學院大學文学部史学科卒業。宮崎大学名誉教授。
主な著作　シリーズ「遺跡を学ぶ」94『筑紫君磐井と「磐井の乱」　岩戸山古墳』、『装飾古墳ガイドブック　九州の装飾古墳』（以上、新泉社）、「日本における横穴式石室受容の一側面」『清溪史学』16・17合併号（韓国）、「複室構造横穴式石室の形成過程」『新世紀の考古学』纂修堂、「九州古墳時代の展開」『新版古代の日本3』角川書店、「古墳の変質」『古代を考える　古墳』吉川弘文館、「九州の装飾古墳」『四〜五世紀東北アジアの高句麗系壁画古墳の理解』（仁荷大学校古朝鮮研究所叢書1）周留城社（韓国）ほか。

シリーズ「遺跡を学ぶ」010

〈改訂版〉描かれた黄泉の世界　王塚《おうづか》古墳

2004年11月 10日　第1版第1刷発行
2023年 3月　1日　改訂版第1刷発行

著　者＝柳沢一男
発　行＝新 泉 社
東京都文京区湯島1－2－5　聖堂前ビル
TEL 03（5296）9620 ／ FAX 03（5296）9621
印刷／三秀舎　製本／榎本製本

ISBN978－4－7877－2248－5　C1021

新泉社

シリーズ「遺跡を学ぶ」

022
筑紫政権からヤマト政権へ　豊前石塚山古墳〈改訂版〉　長嶺正秀　1500円＋税
北部九州で最古・最大の前方後円墳、豊前石塚山古墳。出土した三角縁神獣鏡の完形品を1ページ大のカラー写真で収載し、筑紫政権からヤマト政権へと組み込まれ、大陸へのルートを確保する役割を担った被葬者の姿を解き明かす。改訂版では、北部九州の古墳時代の変遷を詳しく解説。

094
筑紫君磐井と「磐井の乱」　岩戸山古墳　柳沢一男　1500円＋税
古墳時代最大の内乱「磐井（いわい）の乱」の当事者、筑紫君磐井の墓である岩戸山古墳は、武人・力士・馬などをかたどった多くの石製品で飾られていることでも有名だ。北部九州から朝鮮半島の古墳も視野に入れ、継体王権と磐井の関係、磐井の乱の実像にせまる。

134
装飾古墳と海の交流　虎塚古墳・十五郎穴横穴墓群　稲田健一　1600円＋税
白塗りの石室壁面に赤い円文や三角文を描いた装飾古墳、古墳のある台地の斜面に連なる東日本最大級の横穴墓群、太平洋に面した崖にならぶ石棺墓――古墳時代後期、茨城県ひたちなか市の那珂川流域にこれらの墓を造営したのはだれなのか。装飾古墳の本場、九州との関係は。

141
豪華な馬具と朝鮮半島との交流　船原古墳　甲斐孝司・岩橋由季　1600円＋税
玄界灘に面した九州北西部、国際貿易港博多と宗像三女神の住まう地域の中間に位置する古賀市の水田の下、前方後円墳脇の土坑に豪華な馬具が埋納されていた。三次元計測・X線CTによって往時の姿と輝きを復元し、ヤマト王権と大陸とのあいだで活躍した被葬者像にせまる。

155
極彩色壁画の発見　高松塚古墳・キトラ古墳　廣瀬 覚・建石 徹　1600円＋税
現在、国内でたった二例の極彩色壁画をもつ高松塚古墳とキトラ古墳。両古墳は、いつどのようにして築かれたのか。なぜ壁画を描いたのか。最新の研究成果を盛り込み、考古学をはじめ文化財科学、美術史学、天文学など諸分野から壁画古墳築造の意義にせまる。